2020 法治观察

第一辑

法制网舆情监测中心

周秉键 ◎ 主编

中国民主法制出版社

图书在版编目 (CIP) 数据

2020 法治观察. 第一辑 / 周秉键主编. —北京：
中国民主法制出版社，2020.12
ISBN 978-7-5162-2332-1

Ⅰ. ① 2… Ⅱ. ①周… Ⅲ. ①社会主义法治—建设—
中国—文集 Ⅳ. ① D920.0-53

中国版本图书馆 CIP 数据核字（2020）第 244744 号

图书出品人： 刘海涛
出 版 统 筹： 乔先彪
责 任 编 辑： 庞贺鑫

书名 / 2020 法治观察（第一辑）
作者 / 周秉键　主编

出版 · 发行 / 中国民主法制出版社
地址 / 北京市丰台区玉林里 7 号（100069）
电话 /（010）63055259（总编室）　63058068　63057714（营销中心）
传真 /（010）63055259
http://www.npcpub.com
E-mail：mzfz@npcpub.com
经销 / 新华书店
开本 / 16 开　710 毫米 × 1000 毫米
印张 / 7.75　**字数** / 96 千字
版本 / 2020 年 12 月第 1 版　2020 年 12 月第 1 次印刷
印刷 / 北京天宇万达印刷有限公司

书号 / ISBN 978-7-5162-2332-1
定价 / 40.00 元

本书编委会

主　编　周秉键

副主编　马岳君　陈虹伟　付　萌

顾　问　李宝柱

主要撰稿人

彭晓月　王　灿　王　媛　车海星

车智良　张　娇　牛佳宇　尹　斌

胡　堃

序 言
PREFACE

本书是《2020 法治观察》系列图书第一辑（原《政法舆情观察》，现更名为《法治观察》），集中收录了法制网舆情监测中心 2020 年 7 月研究成果。

书中，法制网舆情监测中心梳理、总结了 2020 年上半年的网络热点案事件特征，并对下半年的风险展开分析研判。

总体来看，2020 年下半年，各级政府部门在突发热点事件的危机应对和引导管理方面压力较大。具体来看，新冠肺炎疫情再发风险持续存在，政法机关依法防控的“弦”不能放松。同时，政法队伍教育整顿试点工作已经启动，并将逐步在全国铺开，整顿效果如何，关系到政法队伍整体形象。不仅如此，社会公众在新冠肺炎疫情、就业压力等影响下，焦虑心理积累，致使报复社会类的恶性刑事案件多发，既严重影响了公众对公共安全的感知，也全面考验着政法机关的执法司法能力及水平。国际环境变化的压力同步传导至国内，美国对华政策日益极端化，一些反动势力借机攻击我国法治制度和政治制度。政法机关如何运用法律武器防范与抵制境外不良思潮带来的侵蚀，全力维护国家安全和社会稳定，已经成为新的治理课题。

从 2020 年 7 月发生的个案来看，以上趋势已经有所体现。贵州安顺公交车坠湖事件、江苏暴力袭警案等极端案件的发生，引发社会高度关注的同时也激起网民愤怒情绪，案件处置是否快速有力、情况通报是否及时准确等，均受公众追踪审视。而在成都 14 岁女孩坠亡等事件中，政法干警的法律素养、办案能力遭受考验，成为公众评估政法队伍执法司法能力的重要切口。对于外部环境，美国无端制裁中国企业等，已有不法势力试图通过抹黑、挑唆等手段制造网络混乱，值得高度警惕。

面对严峻形势，政法机关还需与时俱进、大步向前。法制网舆情监测中心将一如既往，观察、研判网络热点事件的发展趋势，为政法机关明晰环境、找准重点、完善工作提供参考。

鉴于网络热点事件的生产、发酵、消遁是一个动态过程，对于本书内容，我们特作如下说明：

第一，《法治观察》为系列丛书，每月出版一本。对于书中的网络热点事件，我们的观察周期约为 7 日，如后续进展引发讨论，我们将通过案例追踪的形式再次呈现。因此，相关分析受特定时间周期限制，并非盖棺论定。

第二，《法治观察》研究对象及素材主要源于网络公开信息，内部非公开资料不在分析、研究范围内。

第三，《法治观察》秉持客观、中立的写作原则。由于分析、研判均依据开源情报，难免有不当之处，望读者不吝指正。

联系方式如下：邮箱 fazhiwangvip@163.com，电话（010）84772595。

法制网舆情监测中心

2020 年 8 月

目录
CONTENTS

趋势研究

案例研究

热点分析

域外观察

知识课堂

趋势研究

F A Z H I G U A N C H A

1

2020年上半年法治热点特征分析

编者按：法制网舆情监测中心结合典型案例，对2020年上半年公安、法院、司法行政、检察院、政法委各系统网络舆情的总体态势和显著特征进行分析，总结舆情应对经验教训，为各地政法机关增强舆情处置工作能力提供参考借鉴。

公安：涉疫舆情类型集中
规范执法柔性执法水平有提升空间

综合2020年上半年政法舆情来看，涉公安舆情数量最多，且类型集中、阶段性特征明显。新冠肺炎疫情暴发后，全国公安干警积极响应号召，投身疫情防控工作，并开展专项行动打击各类违法犯罪行为，使得涉疫舆情成为上半年公安系统最突出的舆情类型。主要包括妨害疫情防控、网络谣言、暴力伤医三方面，公安机关的处置工作获得普遍肯定，但在执法规范、尺度、统一性等方面产生一定争议。疫情缓解后，涉警舆情则集中在突发恶性刑事案件、涉未成年人犯罪、涉众型经济犯罪领域，相关案件给公安机关带来较大引导处置压力的同时，也对其维护社会稳定的能力提出了更高要求。

1. 专项执法行动助力疫情防控　树立积极履职良好形象

新冠肺炎疫情暴发之后，公安部门迅速联合开展严惩制假售假、哄抬物价等9类犯罪，以及打击野生动物违规交易专项执法行动等。2020年以来，全国公安部门陆续开展了打击食品、药品、生态环境安全和涉野生动物等民生领域违法犯罪的“昆仑 2020”，针对网络违法犯罪活动的“净网 2020”，缉捕境外涉毒逃犯的“净边 2020”，治理电信网络诈骗和“民族资产解冻”类诈骗犯罪的“云剑 2020”以及扫黑除恶追逃“清零”行动、网络直播行业专项整治行动等，一系列专项行动针对违法犯罪活动多发领域，契合防控疫情以及当前社会运行的需要，切中部分行业发展的变化和新趋势。公安部门秉持快侦快破的办案思路，取得显著成果，有力遏制涉疫情违法犯罪突发多发势头，为统筹推进疫情防控和经济社会发展作出积极贡献，也彰显出公安机关在保障社会经济平稳发展的有力作为。

疫情防控期间，全国公安机关安排警力下沉社区开展疫情防控工作，涌现一大批先进人物和典型事迹，如“双警”夫妻、“警医卫”家庭投身一线战“疫”，民警放弃产假、推迟婚期、感染康复后请战等感人故事，“抗击疫情公安在行动”“疫情在前　警察不退”等话题充分体现了“人民公安为人民”的庄严承诺。倒在防控一线公安干警的感人事迹更是引人“泪目”，公众在缅怀、致敬的同时，对公安干警无私奉献的精神表示高度肯定。

2. 涉疫情执法类舆情风险凸显　基层民警执法水平更受考验

疫情发生以来，妨害疫情防控、网络谣言、暴力伤医等 3 类案事件密集曝光，公安机关积极介入处置、严厉打击获舆论普遍认可。部分案事件中，因公安民警执法标准、态度、规范性等问题，产生一定争议，主要表现在以下三个方面。

一是不规范执法激起部分负面情绪。疫情初期，各地防控措施不断加码，部分民众由于不理解不配合警方工作，与执法人员和防疫人员产生冲突，导致过度执法、简单执法、粗暴执法的情况出现，警方被推上舆论风口浪尖，如 2 月初，浙江、江苏、安徽等地被曝民警“砸麻将桌”等粗暴执法，引发舆论批评。公安部多次明确表态，要求全国公安机关和广大公安民警坚持严格规范公正文明执法，严禁过度执法、粗暴执法。相关不规范现象很快得到改善。此外，公安民警执法标准的统一性也遭到质疑，如数十起涉瞒报病情、接触史案件中，多数当事人被刑事立案，少数当事人被行政拘留或强制隔离，舆论追问类似违法情节为何处置结果不同。

二是谣言治理关注度高。随着疫情迅速蔓延，还有各类层出不穷的网络谣言，严重干扰公众对疫情的正确认识及疫情防控工作。对此，全国公安机关迅速行动，一面及时辟谣，一面严厉处置编造、散布疫情谣言者，为净化舆论场、安抚民心起到了重要作用。舆论对公安机关惩治造谣行为普遍持支持、肯定态度。但少数案件的处理招致舆论争议和质疑，如青岛即墨警方打击涉疫情谣言，未经证实的“小道消息”是否属于谣言治理范围引发争议等。

三是涉医执法风险凸显。全国各地奋战在抗疫一线的医护人员付出了巨大牺牲，赢得公众尊敬，但与此同时，发生多起暴力伤害医护人员的案例，激起众怒。公安机关依照“从快从严惩处”的要求，快速抓获嫌疑人，将案件导入法治框架，并有效落实信息发布、以案普法等工作，获得舆论肯定。但与之相对的是，执法对象为医生群体的个案诱发负面舆情的风险上升，如云南文山 5 名医务人员因偷拍、散布疫情防控信息被行拘，引发大量网民追问“究竟泄露了什么”，舆情迅速发酵。官方回应“偷拍、散布新冠病毒病人信息造成恶劣影响”之后，这起舆情才逐渐平息。

3. 恶性刑事案件曝光　办案机关面临破案、引导双重压力

据法制网舆情监测中心观察，2020 年上半年具有代表性的 132 起舆情事件中，伤人、杀人等恶性刑事案件 35 起。这些案件多发生在农村等基层，起因多为债务纠纷、邻里家庭日常矛盾和纠纷，如浙江一男子因债务纠纷持匕首伤人、致一家四口 1 死 3 伤，河北安国一男子因家庭琐事与岳父一家发生争执后行凶致 1 死 3 伤等。恶性犯罪甚至报复社会的案件也多次出现，如广西一小学发生近 40 人受伤的砍人案件等。涉事公安机关尽

管在事发后积极开展调查和信息公开工作，但部分案件起因、犯罪嫌疑人作案动机等并未公开，导致舆论追问不断，相关部门面临快速破案和舆论引导的双重压力。

4. 警方处置涉未成年人案件容易引发舆情

与未成年人相关的恶性犯罪案件在 2020 年上半年频发，涵盖未成年人犯罪及未成年人受侵害等类型。在校园霸凌及未成年人犯罪案件中，实施暴力行为甚至犯罪行为的行为人没有得到符合舆论期待的处罚，舆论对此颇为不满，公安部门遭受舆论质疑。如陕西蓝田县 4 名未成年男生侵害一小学女生警方未予立案引发质疑等。在未成年人被侵害案件中，鲍某某疑似性侵养女案等，案发原因引起网民猜测。观察发现，公安机关在办理涉未成年人案件时，受案件办理困难等因素影响，常常会陷入处罚过轻、作为不够、公开力度不足等舆论漩涡中。

5. 涉众型金融产品暴雷　社会稳定风险引忧虑

2020 年上半年，受疫情影响，多个涉众型金融产品接连暴雷。如爱钱进网贷平台暴雷，网传“37 万人被骗 230 亿元”；微贷（杭州）金融信息服务有限公司涉嫌非法吸收公众存款被警方立案侦查，截至 7 月 5 日待还余额 63.23 亿元；四川信托规模超 252 亿元的 TOT 项目（信托公司再次投资信托产品）兑付逾期，缺口预计为 30 亿—40 亿元等。此外，青客等长租公寓头部企业今年以来多次遭遇业主维权。此类涉众型案件，投资人以及业主维权的第一选择即是报案，而由于投资者、业主遍布全国，案情相对复杂，涉案金额规模巨大等，公安机关往往无法在短时间内满足维权者期待，导致相关当事人利用舆论向执法部门施压，如在网络平台发文质疑公安机关报案不立、立案不查或调查缓慢、追赃挽损工作不力。另外，问题平台或企业倒闭后，投资者蜂拥而至平台所在地的办公地点，甚至到公安、政府等机关门口聚集，随时可能酿成集体性维权事件，并有升级为激烈冲突的风险，这给社会面的整体安全带来隐患。公安机关如何妥善处理、追讨涉案钱财、安抚民众情绪等，考验工作能力。

法院：判罚争议类舆情占比近半
疫情带来司法审判模式深度变革

2020年上半年，涉法院系统的舆情数量仅次于公安，占总量近两成，较2019年同期有明显下降，少数案件发酵成为全国瞩目的热点舆情事件。同时，受新冠肺炎疫情影响，法院系统对刑事速裁、“云审判”等司法模式的深度运用获得舆论称赞，但也潜藏新的舆情风险点。

1. 重大热点案件判罚结果备受关注　舆论情感倾向明显

舆论对重大热点案件的司法处罚结果表达关注，既是人之常情，也是舆情发展的必然。2020年上半年，一批备受关注的重大敏感案件走完司法流程，审理法院充分尊重民众从快从严的呼声，坚持依法审理与舆论引导相结合，将每起案件都打造成“精品案”“标杆案”，如云南重大涉黑案罪犯孙小果、湖南“操场埋尸案”罪犯杜少平、北京民航总医院杀医案罪犯孙文斌等人被执行死刑，令舆论拍手称快。这些关乎社会稳定、国家安全的大案、要案，法院判决惩治力度往往较大，普遍获得认可。但也须看到，一些个体权益受到侵犯，情感代入性强且能激发共情的案件，司法判决容易引起争议，进而衍生负面舆情。特别是当司法判决结果远远低于舆论期待时，不满情绪体现得更为明显。如在新城控股原董事长王振华案中，法院以猥亵儿童罪判处王振华有期徒刑5年，定罪、量刑方面引来猛烈的质疑声浪，司法公信力备受冲击；广西“百香果女孩”被奸杀案二审，法院以被告人存在自首为由将死刑改为死缓，改判理由遭到舆论追问：“为何只考虑减轻情节，不考虑加重情节？”

2. 刑事速裁、“云审判”等新模式得到深度运用

新冠肺炎疫情对法院的司法审判工作产生了极为深刻的影响。首先，涉疫情违法犯罪案件的刑事速裁审判程序得到广泛应用。疫情期间，面对多起逃避疫情检查、冲击疫情检查关卡、瞒报病情或行程致多人被隔离感染等案件，政法机关紧密配合，各地法院在短短几日之内就对犯罪嫌疑人依法判处相应刑罚，快速、高效的审判方式获赞是“疫情下速裁跑出加速度”。“网上见”的“云审判”成为各地法院工作的新模式，“云开庭”、VR“云调解”、网上“云执行”等成为司法审判工作常态，初具雏形的“智慧法院”审判体系显现出提升效率、方便群众、推进审判体系现代化等多重优势。

有专家认为，正是此前的“认罪认罚从宽制度”“刑事辩护法律援助全覆盖”等司法政策，以及“智慧法院”、网上开庭等互联网新技术在司法实践中的全面铺开运用，才助推了此次疫情之下的司法“超速度”。不过，在舆论叫好声背后，其客观存在的问题同样无法忽视。比如，针对疫情防控背景下的审判压力问题，一些基层法官表示，当前“云审判”仍面临软硬件不到位、案件容量有限、技术人才紧缺、在线审判平台拥堵排队等情况，客观上影响了当事人的诉讼体验。疫情防控常态化后，刑事审判如何将及时审判和严格依法办案相结合，避免受到“速裁程序能否严守证据标准、保障被告人诉讼权利”的质疑，也同样对各地法院提出新的挑战。

3. 冤假错案类舆情减少　国家赔偿金额成为舆情触点

2020 年上半年，河南吴春红故意杀人案、山东临沭张志超校园性侵杀人案等一批冤错案件得以平反，司法自我纠错机制不断完善。但相比较其他热点事件来说，这些冤错案的舆论关注度并不高，舆情热度高峰一般出现在国家赔偿诉讼环节。这是因为：一方面，当事人申请的赔偿金额整体较高，比如张志超申请国家赔偿近 790 万元、吴春红申请 1800 多万元，

舆论场支持和反对声音并存的态势推高了舆情热度；另一方面，最高审判机关和最高检察机关不断提高国家赔偿的标准，与社会经济水平“接轨”。最高人民检察院于5月18日发文，要求各级检察机关作出国家赔偿决定时适用2019年度全国职工日平均工资标准。

此外，国家赔偿诉讼的司法流程往往表现出比较典型的“长尾效应”，比如张志超案2020年1月改判无罪，其6月才提起国家赔偿诉讼；“江西毒奶糖案”当事人李锦莲2018年已获国家赔偿293万元，2019年其向江西遂川县公安局申请200万元国家赔偿先后被市县两级公安机关驳回，再次向吉安市中级人民法院提出复议申请，舆情绵延两年之久。可见，对于刑事冤错案件的国家赔偿及其系列问题，相关法院还需要有“持久战”准备，依法妥处各环节工作，以免舆情反复出现冲淡错案纠正本应具有的积极效果。

4. 法官个人负面舆情暴露部分法官群体职业素养不足

2020年上半年还曝光了多起涉及法官个人的负面舆情，其中关注最高、持续时间最长的是海南省高级人民法院原副院长张家慧贪腐案，媒体持续挖掘案件内幕，指其利用职权干预司法，舆情反复高热。6月17日该案开庭，张家慧被控涉嫌受贿罪、行政枉法裁判罪、诈骗罪，法院未当庭宣判。张家慧以及涉案人员的司法处置结果引起诸多猜测。在舆论眼中，法官是司法活动的具体实践者和司法能力的具体承载者，过硬的业务能力、高尚的道德情操和崇高的职业修养是一名合格法官的应有之义。唯如此，公众才能对法官从事的行为、作出的裁决保持足够的信任与尊重。而从当前情况看，法官言行失范、贪腐渎职、干预司法等违法违纪甚至犯罪的行为暴露出当下部分法官群体职业素养的不足，法官队伍建设仍然长路漫漫。

司法行政：舆情涉及多个领域 政府立法类舆情有升温迹象

2020 年上半年，因为疫情引发的舆情成为司法行政系统舆情的最大特征，涉及多个领域。相关舆情普遍具有突发性、非常规性等特点，十分考验政府部门的舆情应对能力。其中，以下两类舆情新特征值得关注。

1. 地方司法行政机关：部分涉疫情个案衍生“特权”想象

地方司法行政机关舆情多表现为工作人员涉嫌违法违纪、失职渎职等问题，舆情内容较为单一，舆情热度相对不高，个别系统内落马高官的经历引起一定范围的关注。如云南省司法厅原党委委员、副厅长赵立功因涉嫌受贿罪被逮捕，部分网民将其被查与孙小果案关联讨论。与疫情紧密相关的个案吸引更多舆论关注，如湖北省司法厅退休干部陈北洋确诊感染新冠肺炎拒绝隔离治疗事件，舆情几经波折，最终在官方调查处置后得以平息。在疫情这样重大危机的背景之下，相较于一般负面舆情，舆论神经更加敏感，对个案的负面认知更容易衍生出官员“特权”想象，进而上升为对整个公职人员队伍的批评和否定。

2. 政府立法：部分地方立法引发热议

上半年，部分地方政府的立法工作伴随舆论争议。例如，云南昆明针对城市道路车辆通行规定的征求意见稿、山东制定轻微违法行为不予行政处罚和一般违法行为减轻行政处罚事项清单，均遭到网民的质疑；《北京中医药条例（草案公开征求意见稿）》拟规定诋毁、污蔑中医药将被追究法律责任，引来大量有关立法合法性和科学性的追问。此类舆情的出现也警示相关部门在制定法律法规之时，一是要对其中的舆情风险进行提前预判，通过更为充分的民意调查和专家论证，争取公众支持；二是一旦出现舆论质疑，政府部门需及时出面进行回应，对公众的偏激情绪进行疏导，逐步引导公众通过合理、合法的程序向政府表达意见和诉求，在理性协商的气氛中，达成符合社会最大利益的共识。

检察：主动出击依法战“疫”赢得舆论肯定 未成年人检察工作易诱发舆情

2020年上半年，面对疫情防控这一重要任务，在最高人民检察院的带领下，各级检察机关主动服务疫情防控大局，依法战“疫”。一是针对疫情变化趋势迅速出台各类规范意见。疫情发生后，危害疫情防控犯罪、涉疫物资犯罪明显增多，亟须出台相关规范指导办案。在此情况下，最高人民检察院发布专门规范以适应办案需要，随后会同有关政法部门和国家部委发布指导意见，依法惩治涉疫情违法犯罪。在疫情后期，面对经济社会发展的现实需要，最高人民检察院与相关部门共同出台政策举措，助力复工复产。二是创新工作以案释法。2月11日以来，最高人民检察院首次以在办的批捕起诉案件释法，首次会同公安部发布典型案例，首次以每周一次的频次、分专题发布典型案例。十批次共55个典型案例，几乎涵盖了依法防控疫情过程中检察办案的全部，被称为“参考宝典”，在社会面起到积极的影响。

负面舆情方面，检察系统的舆情明显少于公安、法院及司法行政系统。其中舆情风险最大的地方在于未成年人检察工作领域，今年上半年，侵害未成年人权益案件发生多起，检察机关提前介入降温舆情，例如鲍某某“性侵养女”案等。但从上半年的典型案例来看，随着舆情发酵速度加快，检方提前介入起到的引导作用在不断衰减，只有及时厘清真相、明确司法定性，才能取得一锤定音的效果。此外，检察机关不起诉多次引发舆情，例如，云南检方对“丽江反杀案”当事人唐雪作出不起诉决定，遭到死者家属反对；广东广宁县交警队长儿子撞人逃逸，当地检察院作出不起诉决定则引发司法腐败的舆论猜测。各地检察机关需对此现象予以关注和警惕，在类案处置中充分做好风险研判和释法说理工作。

政法委：主抓疫情防控及扫黑除恶两条线获舆论肯定

2020 年上半年，全国各级党委政法委一手抓疫情防控、一手抓“扫黑除恶”，成效显著。其中，中央政法委积极落实习近平总书记重要指示和中央政治局常委会会议精神，相继牵头多部委出台《关于依法惩治妨害新型冠状病毒感染肺炎疫情防控违法犯罪的意见》和《关于政法机关依法保障疫情防控期间复工复产的意见》两个重磅文件，为疫情期间的执法司法活动提供了具体指引。与此同时，扫黑除恶专项斗争进入决胜的关键阶段，啃下“骨头案”、拔掉“钉子案”成为今年“扫黑除恶”重点工作。为此，中央政法委宣布，从今年 5 月起每月精选发布全国扫黑办挂牌督办案件，通过解剖“麻雀”来接受舆论监督，广东谢培忠案、海南黄鸿发案等典型案件的办理过程由此进入舆论视野，进一步增进了公众对扫黑除恶工作的理解。

今年上半年，政法委系统负面舆情总体处于低位态势，涉公职人员违法违纪类舆情需要加以注意。例如，内蒙古敖汉旗政法委副书记酒驾致 4 人死亡等案件社会影响恶劣，给政法机关形象造成一定减损，需要及时切割责任，依法从严惩处。

（观察时间：2020.01.01—2020.06.30）

2

2020 年下半年法治热点新趋势

编者按： 2020 年以来，国际、国内整体环境不断发生变化。国际方面，新冠肺炎疫情肆虐，加剧了全球政治经济的不确定性。国内方面，局地性疫情风险持续存在，政法机关需要继续做好应对准备；社会焦虑心理累积，需防范报复社会类恶性事件多发。此外，全国政法队伍教育整顿试点工作启动，还需注意正面宣传过程中引发负面舆情的风险。

1. 疫情再发风险持续存在　需继续做好依法防控疫情准备

新冠肺炎疫情正在全球范围内肆虐，已经成为 2020 年最大的“黑天鹅”事件。此次疫情产生的影响是全球性的，传播环境也是全球性的，带来的全球动荡源和风险点显著增多，对我国社会生活和经济运行造成的冲击和影响都显而易见。尤其是部分专家指出，新冠肺炎疫情还将在今年秋冬季节迎来第二波。同时，近段时间以来，北京、乌鲁木齐、大连相继出现了区域性疫情，可见今后一段时间，疫情的影响还将持续存在。

在此种情况之下，各地政法机关应当防止因疫情带来的“次生灾害”，必须做好继续“打硬仗、闯难关”应对复杂困难局面的准备，依法保障和服务疫情防控常态化条件下经济社会发展。一方面，充分发挥执法、司法行政职能，开展针对突出问题的集中专项整治行动，加大市场主体权益保护，为持续优化营商环境提供强有力的法治保障；另一方面，完善政法公共服务体系，积极推进网络“智慧政务”建设，释放信息化在社会治理领域的巨大效能。一旦出现局域性疫情，各地政法机关能够第一时间投入疫情防控阻击战，打击违法犯罪、掌握疫情涉稳动态，对重点区域和社会面整体部署防控。此外，疫情之下，谣言容易满天飞，假新闻大规模出现，政法机关对各类谣言及时辟谣显得尤其重要，不仅要提供事实，还要普及知识，用舆论引导缓解社会情绪，防止出现大面积社会恐慌。

2. 政法队伍教育整顿试点启动　需防范典型案例宣传引发负面舆情

7 月 8 日，全国政法队伍教育整顿试点工作动员会召开，中央政法委决定成立全国政法队伍教育整顿试点办公室，统筹组织、整体推动试点工作。全国 5 个市本级及 4 个县（市、区）的有关政法单位，2 所监狱作为试点单位，于今年 7 月至 10 月开展试点工作。随着全国政法队伍教育整顿试点工作的深入推进，一些政法系统的顽瘴痼疾可能浮出水面。从舆情发酵来源来看，除了媒体对部分案件的发掘性报道，官方主动的结果性调查通报也会诱发网络舆情。因为调查通报中公布的内容，特别是涉贪污腐败、涉黑恶势力、涉司法不公等细节，具备了舆论热衷的“吸睛点”，可能由此引发更多的舆论讨论，进而成为媒体深度介入报道的着力点，产生“拔出萝卜带出泥”的舆情连带效应。

比如，云南孙小果事件的舆情发端于当地将其作为典型正面案例进行宣传。2019 年，中央扫黑除恶第 20 督导组于 4 月 1 日进驻云南，昆明市打掉了孙小果、涂力军等一批涉黑涉恶犯罪团伙。此事经由当地媒体《昆明日报》报道后进入公众视线，网民爆料孙小果的违法犯罪行为，《新京报》立即赶赴当地挖掘案件详情，孙小果“被判死刑却未死”“多次减刑”等离奇经历持续引发舆论公愤，成为一起轰动全国的重大舆情事件。因此，此次教育整顿试点工作中，官方在发布典型案例和阶段性成果时，不但要注重宣传引导效果，也应做好充分的舆情监测和预警工作，尤其须重视当地网民的爆料信息，将相关调查整顿工作做扎实。一旦出现针对政法队伍人员以及司法案件的负面讨论，也需要及时进行回应，表明一查到底、依法严惩的态度，满足人民群众的期待。

3. 社会焦虑心理累积　警惕报复社会类事件增加

疫情突发，不仅威胁着人民群众的生命安全和身体健康，也影响到人们的心理健康，部分民众难免会产生恐慌和焦虑等情绪。此外，疫情对就业产生结构性冲击，令当前的就业形势变得严峻，由此也可能引发悲观失望情绪。这些情绪如果疏导不当，还可能造成抑郁、愤怒，导致应对失当和行为失常等后果，其中最危险的情况是产生报复社会的冲动。此前这类案件的犯罪嫌疑人多处于无业、负债等生活状态，容易将自身的遭遇归结为社会不公，进而将不满和愤恨情绪发泄到社会中去，借此来引起社会的关注与同情。

此类事件对各地政府部门快速处置和信息发布等方面的能力要求较高，需要及时透明公布信息，防止突发事件中的谣言和恐慌情绪蔓延。同时，官方需引导媒体将报道重点放在政法机关震慑和严惩犯罪上，以此降低其他人仿效作案的可能性。政法机关还需从健全社会调处和防范措施、通畅解决机制等方面入手，疏通诉求表达渠道，加强互助机制，加强社会心理疏导，做好人文关怀，帮助社会弱势群体消除暴戾之气、摆脱“绝境”，从根源上解决问题。

（观察时间：2020.01.01—2020.07.23）

3

2020年第二季度政法机关危机应对能力摘星榜

编者按：2020年第二季度，国内疫情防控转入常态化，复工复产稳步推进，境外疫情却进入全面快速扩散阶段，我国不但防控境外输入压力陡增，还要应对国际反对势力借疫情污名化中国的行为。同时全球经济遭遇疫情巨大冲击，也给我国复工复产和经济社会发展提出了新的挑战。受国外疫情不确定性和国内疫情反复等多重因素影响，舆论情绪在乐观与悲观、希望与失望之中震荡。而随着经济社会生活逐步恢复，“疫情信息疲劳”的舆论将关注焦点向社会话题转移，催生出大量的热点事件，网络舆情总体平稳但风险仍存。其中，涉法舆情主要集中在立法问题、青少年保护、突发案事件处置等领域，各地政法机关依法办理和舆论引导工作的专业化、精细化水平时刻面临考验。本文从2020年第二季度的政法热点舆情中选取5个典型案例，依据舆情应对能力评估模型，从时、度、效三个维度分析政法机关的舆情应对工作，总结经验和教训，形成本季度舆情应对能力摘星榜，以供参考。

事件	应对速度	应对态度	应对技巧	信息质量	动态发布	防止再炒作	公信力修复	专业认可度	媒体认可度	网友认可度	总分
广州教师涉嫌体罚学生事件	7.5	8.5	9.6	9.6	9.6	9.6	9.6	9.6	9.6	9.6	92.8
陕西男子活埋高龄母亲被刑拘案	9.6	9.0	8.2	8.5	9.0	8.2	8.2	8.5	8.5	8.5	86.2
郑州警方破获“滴滴司机”性侵直播案	5.4	8.7	9.1	8.5	6.0	9.0	9.0	8.5	8.5	8.5	81.2

续表

事件	应对速度	应对态度	应对技巧	信息质量	动态发布	防止再炒作	公信力修复	专业认可度	媒体认可度	网友认可度	总分
河南原阳 4 名儿童被埋身亡事件	7.0	4.5	3.0	4.5	4.5	5.0	4.0	5.0	3.5	5.0	46.0
广西“百香果女孩”遇害案二审改判	1.2	1.2	1.5	1.0	1.0	1.0	1.0	1.2	1.2	1.2	11.5

1. 广州教师涉嫌体罚学生事件

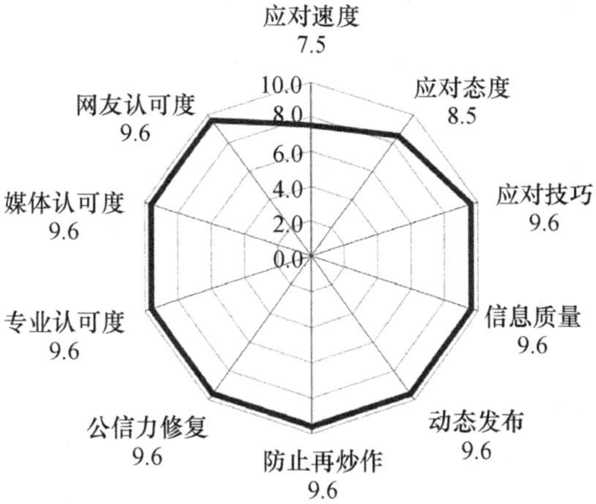

■ 事件概览

5 月 30 日，有网民发帖称“广州市方圆实验小学老师体罚患有哮喘的 6 岁学生致吐血”，涉事教师曾向其索要 6 万元“照顾费”，事发后曾遭到半夜袭击、威胁，其尝试各种方式维权均不了了之。爆料微博被转发超百万次，网民质疑教育部门包庇纵容教师体罚学生，公安机关涉嫌不作为。5 月 30 日中午，广州市白云区教育局回应称，已联合公安等部门成立专项调查组进行调查。5 月 31 日凌晨，白云区公安部门通报称此事系发帖人故意编造，并雇请相关人员进行网络炒作，舆论风向扭转。6 月 1 日，白云区公安部门再次通报称，涉事家长涉嫌寻衅滋事，警方已立案侦查，并依法对其采取刑事拘留强制措施。部分舆论呼吁对网络炒作依法予以严惩。

■ 应对・评点

面对突发舆情，当地有关部门遵循“一快二实三勤”的处置方法，迅速破除网络谣言。一是“快”，迅速发声，抢占舆论主导权。教育、公安相关部门第一时间作出回应，成立专项调查组进行调查，首次回应时间与舆情爆发仅间隔 6 个小时，权威声音及时到场为后续舆论引导工作打下基础。二是“实”，回应翔实，扭转舆论印象。警方初次通报用涉事者和医院的说法，还原了当事人编造谎言的事实真相，教育部门在二次通报中通过调取事发时的监控录像，进一步印证警方调查的真实性，舆论的负面观感就此被扭转。三是“勤”，跟进动态发布，巩固舆情应对效果。白云区的教育和公安部门在调查工作中交替发布相关进展，公安机关还及时通报涉事人员被依法刑拘的处置结果，回应了公众要求依法严惩的呼声，进一步巩固了前期舆情工作成果。

■ 经验・教训

在网络水军的推动炒作之下，恶意编造的不实信息传播速度极快、参与群体庞大、情绪导向明显，严重影响公众判断，造成公众对事实的认知偏差。对于此类现象，处置部门介入时需要及时发现“水军”制造、炒作舆情的线索，抢在舆情恶化之前快速发布权威信息，更正不实言论，把握传播主动权，同时用事实扭转负面的“第一印象”，让舆论回归理性。此外，相关部门也需看到，一些不法分子组织或者雇佣“网络水军”操控舆论、制造舆情，已逐渐形成了完整的非法利益链条，政法机关依法打击之余，还可借机做好以案普法工作，明确告知公众“水军”炒作的违法事实、处罚依据以及处理结果，用生动案例阐述“网络不是法外之地”这一基本规范。

2. 陕西男子活埋高龄母亲被刑拘案

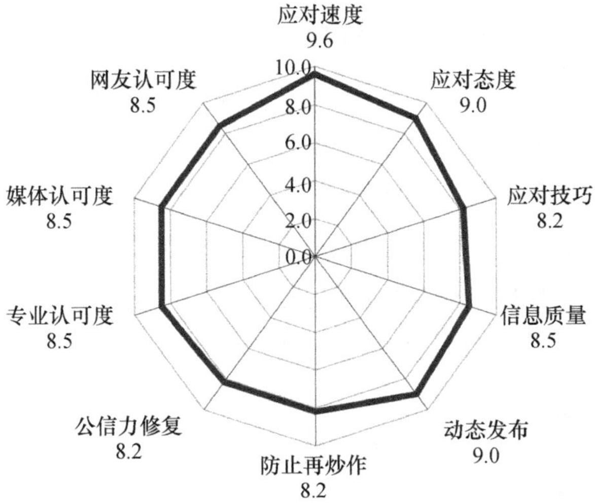

■ 事件概览

5月6日，陕西靖边县公安局通过头条号发布一则案情通报称，当地男子马某于5月2日将79岁母亲王某遗弃在一座废弃墓穴内并掩埋。警方接到马某妻子报案后，迅速将受害人救出，马某因涉嫌故意杀人被刑事拘留。骇人听闻的案情引发大量网民讨论和猜测。5月7日，靖边县检察院微信公众号发布通报称，已在第一时间指派员额检察官提前介入该案，就案件下一步证据收集、侦查方向和取证应注意问题提出意见建议。5月8日，靖边县人民检察院通过官方微信通报称，检方依法决定对马某以涉嫌故意杀人罪批准逮捕。针对马某有精神病传言，靖边警方回应称其无精神病史，未接到家属提出做精神疾病鉴定的要求。5月12日，正义网发消息称，榆林市人民检察院检察长专程看望王某，并当场向其发放5万元司法救助金，获得舆论称赞。

■ 应对・评点

对传统孝道的挑战、对人性底线的漠视，使得这起故意杀人案在被打上“埋母”的标签后火速吸引舆论关注。面对严惩犯罪的汹涌民意，政法机关给出了积极回应。首先在实体处置方面，政法机关的行动快速而有力：公安机关接警后迅速抓捕犯罪嫌疑人、营救受害人，为平息舆情创造条件。随后，检方适时介入引导侦查取证，进一步提高案件办理质量，降低了公众焦虑。上级检察机关为受害人发放司法救助金的行为，更被舆论赞为“救济与惩恶两不误”。在引导舆论方面，公安、检察机关均在案件办理的重要节点作出通报，办案过程公开透明，最大程度保障了公众知情权。另外，对于犯罪嫌疑人是否有精神疾病等传言，办案警方也及时通过媒体予以澄清，有利于消除网络杂音。在当地政法机关扎实的实体处置和舆论引导之下，舆情得以快速降温回落。

■ 经验・教训

本案启示在于，在此类因挑战道德底线的恶性案件引发的舆情事件中，政法机关除了完成案件侦办、批捕公诉、定罪量刑等法律“规定动作”外，如何做好平复舆论情绪、抚慰人心的“收尾”工作同样重要。因此，政法机关不但需各司其职，按部就班地将案件导入司法流程，更要对案件中所蕴含的道德、情感因素作出准确判断，正视被害人的困难和诉求，从司法救助、法律援助、与各级社会组织合作等多个方面主动作为，让司法的人文关怀和制度温暖得以彰显，更好地让人民群众在每一起司法案件中感受到公平正义。

3. 郑州警方破获“滴滴司机”性侵直播案

■ 事件概览

6 月 11 日，有网民爆料称，疑似河南郑州一名“滴滴司机”迷奸女乘客，并通过某地下 APP 直播了全程。该消息火速在网络流传开来，网民对此义愤填膺，呼吁警方介入。当晚，滴滴出行通过官方微信发布公告称已报警。6 月 12 日，郑州公安发布案件通报称，已查明两名涉事人员系夫妻关系，其借助情色直播平台“星恋直播”，利用“滴滴司机性侵乘客”的噱头自导自演了这起情色表演，目前 2 人已被警方抓获。6 月 12 日，全国“扫黄打非”办官微亦回应此事，认为事件暴露出非法网络直播平台和网络主播为牟取非法利益，不断突破法律和道德底线，行为极其恶劣，必须坚决打击。6月15日，滴滴公司宣布起诉2人以及该直播平台，获得网民力挺。

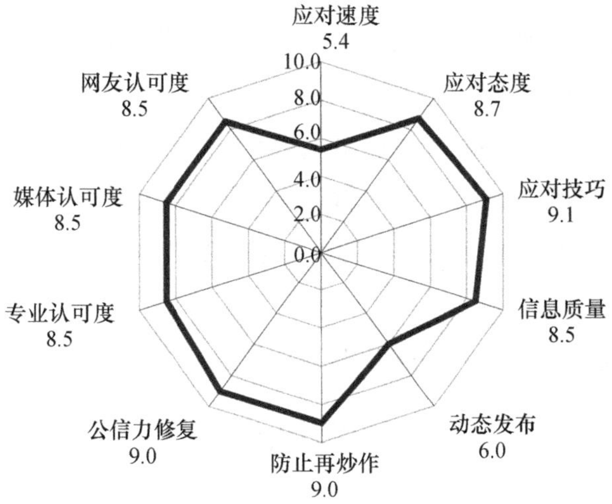

■ 应对・评点

“滴滴司机”“性侵”“直播”，多重舆情敏感元素相互叠加，令该事件很快发酵成全民关注的热点舆情事件。此次舆情来得快但去得更快，这与公安等各部门的及时处置密不可分。舆情刚一曝光，全国“扫黄打非”办就连夜部署河南省“扫黄打非”办公室核实处理，随后河南省“扫黄打非”办与河南省公安厅、网信办以及郑州市公安局等部门成立专案组开展调查。得益于这种多层级、多部门的联动处置，本案在舆情曝光后仅一日就得以告破。随后，郑州警方及全国“扫黄打非”办于同日分别发声，通报个案处理情况，并对此案定性表态，舆情应对上互为呼应、有始有终，令原本沸腾焦虑的舆论场迅速归于平静，舆情蔓延的势头戛然而止。

■ 经验・教训

网络空间非法外之地，遵守道德规范和法律法规是底线，不容挑战。此事件曝光后，有媒体调查直指“地下色情直播”已形成一条庞大产业链，并由此衍生出赌博、售毒、诈骗等周边灰色产业，增加了群众的恐慌情绪，严重破坏正常的社会秩序。自6月起，国家网信办、全国“扫黄打非”办会同最高人民法院、公安部等8部门启动为期半年的网络直播行业专项整治和规范管理行动，对“皇冠直播”“嗨够直播”等首批44款传播涉淫秽色情、严重低俗庸俗内容的违法违规网络直播平台，分别采取约谈、下架、关停服务等处罚，令舆论拍手称快。下一步，政法机关更需一鼓作气，以“零容忍”之姿对非法网络直播乱象中牵涉的各类犯罪行为一查到底。同时，对于那些恶意炒作、煽动网络热点话题的不法行为，政法机关也需坚决打击，营造风清气正的网络环境，维护网络安全。

4. 河南原阳 4 名儿童被埋身亡事件

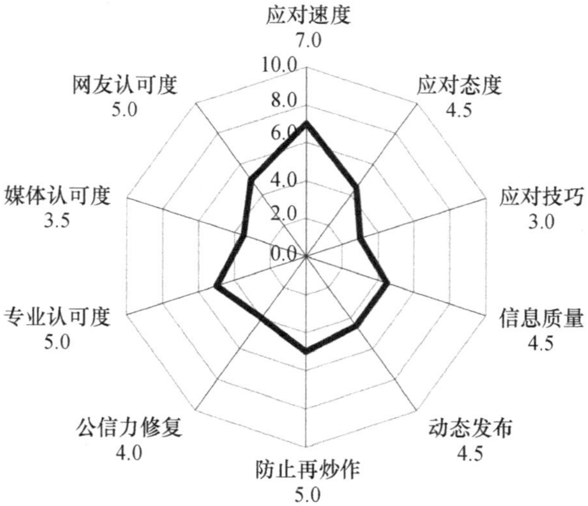

■ 事件概览

4月18日，河南省原阳县一建筑工地发生4名儿童被压埋窒息死亡事故，致命悲剧一经媒体报道立即引发舆论关注。19日凌晨，原阳县政府网站通报称，新乡市和原阳县多部门成立两级联合调查组展开调查，7名相关责任人已被控制。随后，媒体披露更多案件细节，舆论质疑此案疑点重重，呼吁予以彻查。21 日，当地通报事故初查结果称，该工地属无证非法施工，涉事车辆系违规作业，8 名嫌疑人被刑事拘留，该事故中负有监管责任的县住建、城管等多个部门负责人被免职、问责。与此同时，网曝多家媒体记者在当地采访时被不明身份人员威吓并被打，引起网民声讨。21 日晚，新乡市委书记回应表示，已连夜责成多部门成立调查组进行彻查。4 月 25 日，调查组通报称，此事系办事处工作人员与自称记者的人员相互推搡、拉扯的行为，不存在殴打行为，但舆论质疑仍存。

■ 应对・评点

舆情初始，涉事部门的应对措施还算妥当：在第一时间发布通报，成立市县联合调查组开展调查，公安机关及时介入控制相关责任人；迅速公布事故初查结果，同时问责相关监管部门，满足舆论追责诉求。但是，本事件的舆情处置暴露出多处硬伤，如回应部门混乱分散，冲淡权威信息；信息发布层级较低，重要信息知晓度不高；官方回应内容无法切中问题要害，总在回避核心问题，致使舆论追问不止；此外，当地政府抗拒媒体报道、殴打记者的做法，更是为舆情火上浇油，而之后否认殴打记者的调查结果不被认可，都令舆情危机愈演愈烈，充分反映出涉事部门舆情应对水平不足、问题意识不够。

■ 经验・教训

透过本案可见，每一次失败的舆情应对背后，往往是处置机制接连失效的共同结果。面对舆情，涉事单位没有建立起一套系统、完整、立体、有效的信息发布和联动处置机制，即便是初期舆情应对措施还算“对路”，但随着舆情多向发酵、引导无序性增加，涉事单位就出现手忙脚乱的局面，以往没有扎实落实的问题开始暴露无遗。如应急措施不当、舆情反馈不力，发布信息含糊、内容顾左右而言他，都会令舆情不断激化升级。而一旦出现应对“真空”，无法和公众形成有效沟通，那么整个处置链条就陷入失序，涉事部门很可能彻底丧失对舆情的控制能力，导致“越回应越混乱”局面出现，反而侵蚀政府的公信和权威。

5. 广西“百香果女孩”遇害案二审改判

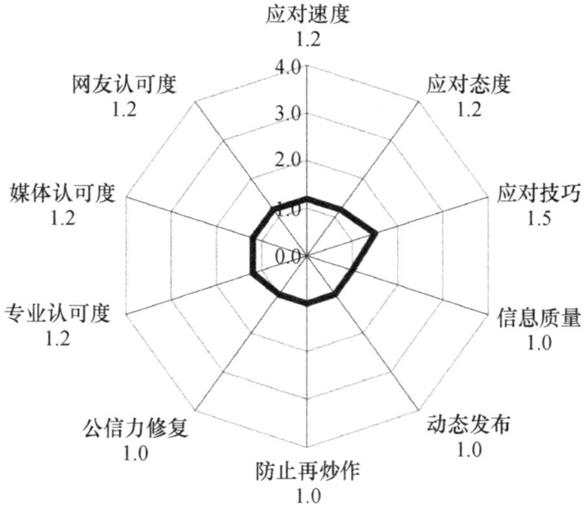

■ 事件概览

5 月 7 日，据红星新闻报道，2018 年 10 月 4 日，广西 10 岁女童卖百香果回家途中遭同村男子杨某某强奸后死亡，钦州市中级人民法院一审以强奸罪判处杨某某死刑，并责令退赔 32 元给受害者母亲。2020 年 3 月 25 日，二审法院广西高级人民法院认为被告人杨某某存在自首情节，对案件侦破起至关重要的作用，撤销一审死刑判决，改为死缓并限制减刑。受害者家属不服判决，提起申诉。该判决引起舆论有关自首是否可以从轻处罚的争议，多数舆论质疑二审法院量刑偏轻。5 月 10 日，最高人民法院决定对该案调卷审查，此举获舆论称赞“积极回应民众诉求，彰显司法公正”。6 月 3 日，据受害人代理律师透露，最高人民法院“正在加紧审查材料”。

■ 应对 · 评点

本案系针对未成年人犯罪，作案手段极其残忍，犯罪情节极其恶劣，挑战公众底线。在全社会对侵害未成年人犯罪“零容忍”的氛围下，二审法院对被告人由死刑改判死缓，被指偏离了公众朴素的情感和正义观，因此招致民意抵触。该起重大敏感案件在前期已聚集了大量关注，面对二审终审这一重要节点，涉事法院缺乏对舆情风险的评估和预警，在作出判决后既未主动公开相关信息，也未就案件定罪量刑依据进行详细解释，导致二审判决一经曝光就激起舆论愤怒。媒体对案件细节的披露和回顾，更是加剧公众对法院判罚的质疑。然而，广西高级人民法院迟迟不作回应，任由舆情发酵扩散，直到最高人民法院宣布介入案件，舆论情绪才得以缓和，案件讨论回归法律本身。

■ 经验 · 教训

近年来，因“从轻情节”引发判罚争议的案例不在少数，如陕西聂李强性侵两姐妹致一死一伤案中，二审法院出于“赔偿认罪”等情节考虑，由死刑改判为死缓；湖南永州女子 196 刀刺死闺蜜案中，一审法院以被告具有法定的坦白从轻处罚等情节，作出死缓判决等。恶性刑事案件加害人从轻处罚，给公众产生罪刑不匹配的观感，进而动摇对司法公正的信心。这其中，既有法理与情理的冲突之处，也有裁判过程中存在问题的可能。因此，司法机关在依法办案的基础上，还需同步做好舆论引导工作。首先要主动公开，精准释法，采取审理法官解读、权威专家释法等多种形式，形成引导合力，增进公众对司法裁判的理解，促进法理情的融合。其次要及时回应，有力介入，上级机关需对舆论质疑视情介入核查，如果调查发现问题就依法予以纠正，体现对舆论监督的重视和维护司法公正的决心；如果没有问题，也需及时通报调查结果，解开公众疑虑。

（观察时间：2020.01.01—2020.06.30）

案例研究

F A Z H I G U A N C H A

1

政策引导陷入“雷区”怎么办

编者按： 2020 年 4 月 21 日，公安部交通管理局发布通知，要求全国各级交管部门自 6 月 1 日起开展“一盔一带”安全守护行动，对摩托车、电动自行车骑乘人员不佩戴安全头盔以及汽车驾乘人员不使用安全带行为开展严查。发布初期，这一政策并未引发舆情。5 月中旬，电动自行车头盔价格开始飞涨，引发网络热议，“炒头盔”“头盔诈骗”等乱象更是催生舆情高热。5 月 20 日，公安部及时进行政策调适，将电动自行车排除在“一盔一带”初期执法范围内，舆情得以缓解。法制网舆情监测中心梳理此次

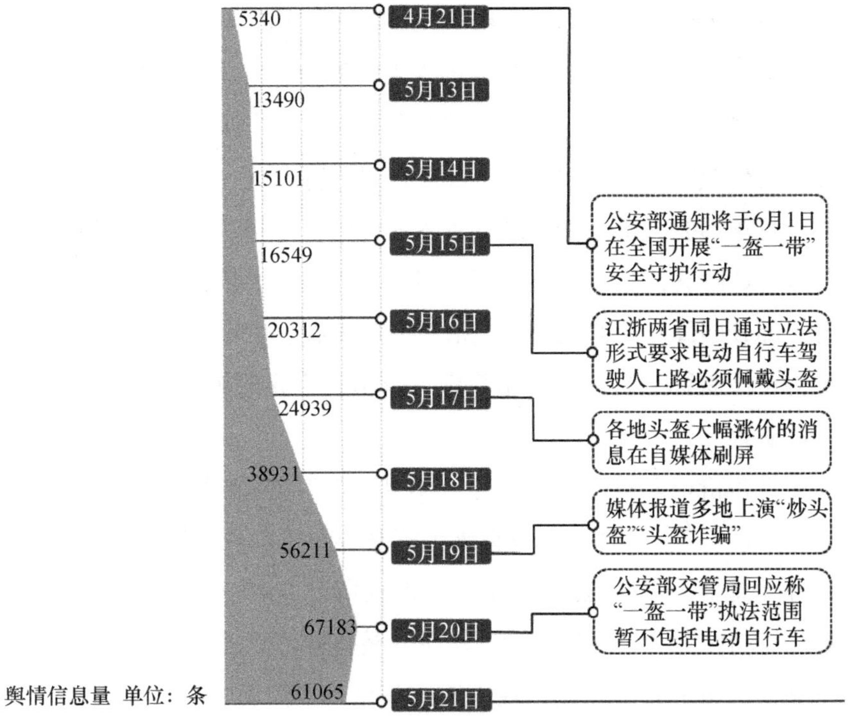

舆情发展脉络，从重要政策出台、推行、完善过程中的舆论引导角度提出针对性建议，供有关部门借鉴参考。

【舆情综述】

1. 公安部部署“一盔一带”安全守护行动　舆情较为平稳

4 月 21 日，公安部在其官网发布通知称，为进一步提升摩托车、电动自行车骑乘人员和汽车驾乘人员安全防护水平，有效减少交通事故死亡人数，公安部交通管理局近日部署在全国开展“一盔一带”安全守护行动，自 2020 年 6 月 1 日起将在全国开展严查活动，依法查纠摩托车、电动自行车骑乘人员不佩戴安全头盔以及汽车驾乘人员不使用安全带行为。对于这一通知，舆论普遍表示支持，随后各省市陆续开展“一盔一带”行动的前期宣传工作，各类解读文章在网络媒体和自媒体中陆续出现，交管部门的线下引导也见诸媒体。相关舆情总体较为平稳。

2. 江浙两省立法规制电动自行车引热议　带动头盔舆情迅速升温

5 月 15 日，江苏、浙江两省的人大常委会会议通过了本省的电动自行车管理条例，规定电动自行车驾驶人及搭载人应当佩戴安全头盔，违者将被处以警告或罚款，条例将于 7 月 1 日起施行。这一立法掀起了舆论对于电动自行车驾驶人员是否应佩戴头盔的讨论，“一盔一带”行动也被关联，相关微博话题阅读量迅速破千万。网民观点中，多数网民支持佩戴头盔的规定，部分网民对罚款这一处罚措施表示不满。值得注意的是，不少网民在跟帖中反映称近日头盔价格暴涨，原本几十元的头盔已涨价至上百元，且严重缺货。

3. 头盔价格大幅上涨惹争议　“炒头盔”“头盔骗局”扰乱社会治安

5 月 16 日至 17 日，各地头盔大幅涨价的消息在自媒体刷屏，多家媒体跟进。其中，《21 世纪经济报道》消息指出，由于全国范围开始“一盔一带”行动以及江浙两省对电动车佩戴头盔进行立法，头盔需求在短期内集中爆发，但上游企业无法在短期内满足市场需求，导致头盔价格上涨。

网民对此话题予以高度关注，截至5月21日12时，微博话题“#头盔涨价#”的阅读量已达4.7亿次。面对头盔缺货的现实问题，网民关心6月1日后不戴头盔上路是否会被处罚。除明确立法的江苏、浙江两省外，上海、河北、河南、广西、山东等省区市交管部门均表示，由于当地立法尚未跟进，目前处于宣传倡导阶段，对未佩戴安全头盔的，以教育引导为主，暂不实施处罚。

但是，多地交管部门的回应并未刹住头盔价格上涨之风。5月18日至20日，中新经纬、36氪等媒体追踪报道称，在市场需求的刺激下，疫情前期的“炒口罩”行为演变为“炒头盔”，一些“倒爷”“黄牛”大量囤货惜售，持续推高头盔价格。此前“炒口罩”的游资也故伎重施，甚至出现了由生产商、流通商、游资等构成的“头盔期货”。不仅如此，由于电动自行车头盔缺乏国家强制标准，大量低劣头盔充斥市场，消费者不满情绪日益明显。此外，部分媒体报道还指出，江苏苏州、常州，浙江义乌等地接连出现“头盔骗局”，骗子往往手头没货，却利用紧俏行情，诈骗预付款、定金。对此，江苏、浙江多地警方发布紧急提醒。

4. 公安部及时调整政策降温舆情　后续头盔价格违法成执法重点

面对种种乱象，5月20日下午，公安部交通管理局官方微博发文称，公安部密切关注电动自行车安全头盔涨价问题，6月1日起，执法处罚的范围暂不包括电动自行车，公安部门已要求各地公安机关积极配合市场监管部门依法严查价格违法行为。对于这一回应，多数网民表示支持；部分网民并不认可，他们认为公安部在出台涉及全国的政策前缺乏科学调研和合理论证，导致乱象丛生；还有网民认为，在电动自行车头盔质量参差不齐的情况下，公安部更应联合其他部门推进头盔行业标准的建立，而不是急于推进佩戴头盔。5月21日之后，媒体报道显示，部分地区交管部门开始实施“过渡方式”抑制头盔价格上涨，即电动车驾驶员未佩戴头盔暂不处罚，各地市场监管部门也立即开展头盔专项检查等。目前，各地公安机关在执法过程中均加大了相关宣传力度，取得了良好的舆论效果。

【舆情解析】

1. 政策出台缺乏通盘考虑致市场供需出现失衡

从公安部出台“一盔一带”行动的通知可以看到，其本意是提升摩托车、电动自行车骑乘人员和汽车驾乘人员的安全防护意识和水平，进而减少交通事故伤亡人数。通知从公安交管部门的行业管理属性出发，其初衷是正当合理的。然而，我国相关政策的出台往往会对市场产生重大影响，此次“一盔一带”行动也不例外，其政策溢出效应快速波及全社会。从涉及的人群来看，汽车安全带、摩托车头盔早已是强制必需品，而电动自行车属于近年来新兴产物，骑行人员普遍还没有形成佩戴头盔的习惯，因此该行动的实际指向显然会落到数量庞大的电动自行车骑乘者身上。头盔市场面临激增的需求，短时间内难以满足，由此滋生社会乱象并引发群众不满，拉低了公众对于“一盔一带”行动的整体认可度。究其原因，主要在于政策出台前缺乏全面评估和通盘考虑，引发了市场供需失衡等连锁负面效果。

2. “炒头盔”“头盔诈骗”激发负面情绪影响政策推进

今年受疫情影响，“炒口罩”“炒熔喷布”等哄抬市场价格的情况时有发生，对消费者权益和市场秩序产生直接负面影响。此次不良商家的“炒头盔”行为和一些自媒体趁机炒作的“一夜暴富”不良价值观，让公众联想“炒口罩”情形，各种焦虑式、盲目式抢购迅速上演，与头盔相关的话题讨论延伸至公共领域。与此同时，“蹭热点式”诈骗案在多地连续发生，多重推手蓄意制造的焦虑、不满等负面情绪在社会蔓延，对政策的推行进度和实际效果产生了明显冲击。

3. 电动自行车头盔安全隐忧降低政策实施预期效果

此次头盔涨价风波中，除头盔价格争议外，头盔的安全性也是舆论关心的重要内容。媒体报道显示，目前市场上售卖的电动自行车头盔因为行业强制标准缺失，存在巨大的安全隐患，不少高销量的头盔根本无法达到防护标准，甚至“一撞就碎”。一边是头盔质量安全隐患未解，一边是交管部门的强制佩戴要求，巨大的反差使得舆论迁怒新政策，质疑此举是“形式主义”，部分网民甚至还臆测政策出台目的是为了罚款。总体来看，公众对政策实施效果产生了较明显的不良预期。

【舆情建议】

目前，在公安部对“一盔一带”行动执法对象进行调整后，头盔价格暴涨现象得到初步缓解，舆情趋稳。回顾舆情发酵和发展历程，公安部门的应对举措为重要政策在出台、推行、完善过程中的舆论引导提供启示。

1. 政策出台前需全面评估风险并视情设置“缓冲期”

部分经济学家指出，相较于“炒口罩”，此次“炒头盔”是由政策催生出来的，随着公安部公开回应后，政策“破坏力”逐渐消减。因此，有关部门在出台影响面广的政策文件时，需要先行评估政策出台后的各项风险，制定精准防控措施后推进政策落地；在出台一些带有强制性、处罚性的政策时，还需给予一定的“缓冲期”，并在“缓冲期”内加强宣传引导，为政策的作用对象留出调整时间。具体到此次舆情风波中，如果公安部交管局能在政策出台前对电动自行车市场现状予以充分了解，给出较长时间的“缓冲期”，负面舆情发生的概率将会被大大降低。

2. 政策推行中遇到问题可及时调整并延长“引导期”

“一盔一带”行动本意在督促群众养成良好的安全习惯和自我保护意识。虽然在落地过程中出现了种种乱象，但公安部及时接受舆论意见进行政策调适，值得称赞。需要注意的是，政策调适并非政策终止，而是留出了充足的“引导期”。在“引导期”内，各级公安部门不应局限于政策宣传，还需要重点打击前期出现的各类头盔诈骗案件，并针对市场上出现的头盔价格违法行为，协助市场监管部门进行专项整顿，运用“有形之手”达到平抑头盔价格、遏制违法犯罪的作用，确保政策在“引导期”内平稳过渡。

3. 解决政策背后深层问题　实现社会治理精细化

虽然此次舆情矛头主要指向“一盔一带”行动引发的头盔价格上涨

现象，但舆情发酵过程中反映出的头盔行业强制标准缺失、地方管理立法跟进步伐不一等深层次问题，也需相关部门研究重视。目前，在全国范围内，数量不断增长的电动自行车使用群体存在十分突出的安全隐患问题，强化电动自行车管理已势在必行。解决这些深层次问题比政策推进本身更加重要，这要求电动自行车从生产、销售再到上路等各环节所涉及的监管部门做到精细化治理，以问题为导向，着力解决本部门在监管过程中的漏洞和短板，提高社会治理社会化、法治化、智能化、专业化水平。

（观察时间：2020.05.07—2020.07.10）

2

陕西男子活埋母亲被刑拘案研究

编者按： 2020年5月6日，网传陕西靖边县村民马某将母亲王某遗弃在废弃的墓穴内并掩埋，此事经过警方通报后引发社会关注，舆论讨论快速升温。政法机关及时介入处置，将案件办理导入司法处置轨道，积极主动的作为得到舆论高度认可，舆情快速平息。本文通过复盘舆情发酵过程和舆论观点，研判舆情风险，并为政法机关后续处置提供应对参考。

【舆情事件】

1. 警方主动通报案情　舆情迅速引爆

5月6日，网传陕西靖边县一男子将79岁的瘫痪母亲活埋进废弃墓坑。当天下午，《华商报》从靖边县公安局新庄派出所了解到，老人被救出后已送至医院进行救治，并无生命危险，警方已经介入调查。18时许，靖边县公安局头条号“平安靖边”发布案情通报称：5月5日9时，张某向警方报警称，其丈夫马某（58岁）于5月2日晚将婆婆王某（马某母亲，79岁）用手推车拉出去后至今未归，警方随即展开工作。经突审，马某承认将瘫痪在床的母亲埋至靖边县一处废弃墓坑内。目前受害人已被成功救出，马某因涉嫌故意杀人被刑事拘留。与此同时，警方营救受害人的现场照片及视频在微博中流传，离奇案情吸引大量网民围观讨论。舆论痛斥马某“丧尽天良”“禽兽不如”，微博上“#79岁母亲被扔墓坑活埋#”“#男子疑活埋瘫痪母亲#”等多个微话题登上热搜榜。

2. 媒体披露细节　公检第一时间通报进展

警方通报后，多家媒体介入挖掘案件细节，刺激舆情深度发酵。《新京报》等媒体关注犯罪嫌疑人的生活经历，如“马某12岁时母亲改嫁，心中一直对母亲有怨气”，“2019 年马某弟弟生病，王某转由马某赡养，由于母亲年事已高且生活难以自理，马某心理压力很大，所以才作出了这一举动”。澎湃新闻关注后续进展，报道称王某经过治疗后生命体征稳定，已能正常交流，医院澄清老人并未瘫痪只是腿脚不便，目前正在做康复治疗。《潇湘晨报》《郑州晚报》等媒体披露了“马某故意谎称将母亲送到亲戚家并在当晚失联”“用破碎墓碑将墓口堵住，拖延了营救老人的宝贵时间”“活埋母亲的念头始于去年 11 月，本人是勤快的有钱人”“母亲王某担忧马某会被判重刑，向警方称‘是自己爬进墓穴的’”等案件细节，对比之下网民感慨“可怜天下父母心”，谴责马某残忍。

5 月 7 日，微信公众号“靖边检察”通报称，接到公安局通报后，靖边县人民检察院第一时间指派员额检察官提前介入马某故意杀人案。在查看现场和听取侦查机关案情汇报后，检察官与公安机关办案人员共同分析研判案情，并就案件下一步证据收集、侦查方向和取证应注意问题提出了意见建议。“@ 人民日报”转发该进展，并发起话题“# 检方提前介入男子活埋瘫痪母亲案 #”，短时间吸引超过 1 亿人次阅读。舆情热度在当天达到峰值。

3. 嫌疑人被批捕　舆情出现波动

随着案件进入司法流程，办案进展和后续处置陆续公布，舆情热度随之发生多次波动。5 月 8 日，《新京报》从靖边警方获悉，针对马某有精神病传言，警方回应其无精神病史，未接到家属提出做精神疾病鉴定的要求。同日，靖边县人民检察院通过官方微信通报称，检方依法决定对马某某以涉嫌故意杀人罪批准逮捕。该案还引发高层关注，5 月 9 日，国家卫生健康委、全国老龄办表示，马某某“活埋”老人行为突破法律底线、道德底线、人伦底线，性质极端恶劣，必须依法严惩。国家卫生健康委、全国老龄办高度关注此案。陕西省卫生健康委、老龄办已派员赴靖边县了解情况，做好获救老人医疗救治、康复护理工作，协调有关部门妥善安排老人后续生活。网民留言中，针对嫌疑人马某的谴责抨击占据多数，部分网民讨论该案背后的家庭伦理和道德问题。

5 月 12 日，正义网发消息称，榆林市检察院检察长专程看望王某，并根据《人民检察院国家司法救助工作细则（试行）》的相关规定，当场向其发放 5 万元司法救助金，检察机关彰显出的司法人文关怀，受到舆论称赞。随后，舆情总体趋于平息。截至 7 月 1 日，该事件暂无新进展。

【舆论观察】

该案本身并不复杂，但犯罪嫌疑人马某泯灭人性的行为震惊网民，引发公众密切关注。目前，公安机关已对马某采取刑拘，检察机关也提前介入调查，舆论普遍认可政法机关的处置速度，并对案件结果表示期待。

1. 呼吁严惩嫌疑人　猜测量刑结果

舆论普遍认为，嫌疑人马某的行为突破法律底线、道德底线、人伦底线，性质极端恶劣。“@ 央视新闻”发表热评称，活埋母亲，悖伦理，违法理，天理难容。《南方都市报》《新京报》等媒体指出，“行恶事者常常会从经济或生活上找借口，但这只不过是粉饰悖逆行为的借口，马某活埋母亲的行为直接触犯了刑法，必须予以严惩”。《法制日报》微信公众号也表示，“希望法律的惩处能够唤醒马某的人性”。

本案事实清楚、法律关系简单，所以舆论对案件及定罪一致认可，但“被埋母亲担心儿子被判重刑”而为其辩解，引起了网民热议。对此，律师们围绕这一话题展开普法讨论。北京泽博律师事务所律师王飞表示，即便马某母亲表示谅解，马某也涉嫌故意杀人罪，但在量刑上可能会有浮动空间；河南豫龙律师事务所律师付建认为，马某的量刑会综合多种因素判定，若马某母亲表示谅解或马某在法院审判阶段提交了认罪认罚悔过书，在量刑上都会酌情从轻处理。

2. 关注政法机关处置　司法作为获赞

当地公安和检察机关的表现备受好评。光明网文章赞称，“司法机关不能仅忙于打击犯罪而忽略被害人的困难和诉求。对于被害人来说，得到司法救助的实际意义并不比惩戒犯罪的意义小，为被害人提供救助凸显出了政法机关的司法温度”。《新京报》评论文章为检察机关“充满人文关怀和制度温暖的司法救助”点赞：“‘人子’马某的残忍和无德，让人愤慨；‘人母’的可怜与无助，让人同情。当地检察机关积极作为，为被害人提供司法救助的做法，凸显出司法机关执法办案过程中的文明与进步，让当事人切实感受到温暖与体恤。”

3. 聚焦现实问题　呼吁重视农村养老

与案件中的法律责任相比，该案件反映出的农村养老问题更受主流媒体关注。“@央视新闻”提醒，“要惩治孽子、救治受害者，更需关注老年人晚年生活”；红星新闻表示，“马某母亲的遭遇，也是部分农村老人养老困境的一个缩影”。据头条号“搜狐智库”文章数据显示，截至 2018 年底，60 岁以上老人占总人口的 18.1%，2025 年将突破 3 亿人，到 21 世纪中叶将达到 4.8 亿人左右的峰值，而农村更是首先迎来老龄化大潮。“呦呦鹿鸣”一篇阅读量超 10 万的微信文章指出，农村弃养老人的情况“一直在现实中存在，持续地发生着”。面对这一现实问题，舆论呼吁寻找切实可行解决问题的方案。如“侠客岛”在评论文章中指出，“孝不能光凭道德的倡议，要有法律的强制，还要有养老体系的充分支撑。否则，活埋母亲的悲剧在舆论喧嚣过后，就只能成为让人唏嘘的一段往事，而不能产生有益的变革效应”。南开大学经济学院人口与发展研究所教授原新建议，居家养老其本质上是社会化的养老，要理清政府、市场、家庭和个人所承担的角色。中国的养老现在必须走向多元化养老，政府、市场、家庭、个人等四股力量要形成合力。

【舆情建议】

该舆情曝光后急剧升温成为全国关注的热点事件，并且随着处置进展的密集发布而起伏波动，终于在政法机关的有力作为下迅速回落，办案机关也获得舆论高度认可。目前，案件已进入依法办理流程，舆情尚未完全平息。法制网舆情监测中心通过研判现有舆情风险点，为当地政法机关的后续处置提供应对建议。

1. 警惕舆论声音干扰司法工作

无论犯罪嫌疑人因何埋母，“活埋母亲”的做法严重挑战了广大民众的心理底线，自舆情曝光以来，公众呼吁严惩马某的声音就没有间断过，某种程度上已经化为舆论力量，给接手案件办理的政法机关带来压力。再加上媒体对案件的参与报道程度比较深，通过采访邻居、村民等方式复盘案件细节和马某某家庭情况，将当事母子“塑造”成“日子比上不足比下有余，却不愿意赡养老人蓄意杀人”的孽子和“年事已高、虽被活埋但仍心系儿子安危”的慈母，在这种对比之下，不少公众的情感判断压倒法律理性。若该案审理法院的最终量刑与公众期待存在差距，可能会再次掀起舆论争议。因此，审理法院还需明晰这些潜在风险，对于前期舆论争议做到心中有数，并做好充足的准备预案，防止原本平稳有序的舆论局面在案件审理阶段出现变数。

2. 以个案为契机开展以案释法

本案发生在相对封闭、落后的西北农村，受到经济收入、意识形态、风俗习惯、法律素养等多方影响，农村的养老问题所体现出的矛盾、冲突更为尖锐。可以说，本案件中蕴含的诸多法理精神可谓与普通民众息息相关，政法机关妥善引导的话，该案可成为一次以案释法、全民普法的良机。比如，不赡养甚至虐待、遗弃老人不仅仅是个道德问题，而且是触犯法律的犯罪行为；为何公安、检察机关以故意杀人罪而不是遗弃罪批逮马某；被埋老人的谅解是否会成为法院机关量刑考虑因素等。所以，审理法院需要做好依法审判和引导舆论的双重工作，就案件焦点、舆论争议点等作出解释和说明，让社会公众明白养老问题不再是“家务事”，以个案判决彰显司法精神。

3. 主动作为应成司法工作常态

个案司法流程的结束，并不意味着其背后的根本问题也随之解决。司法机关以打击、惩戒犯罪为主要职责，但这只是法定职责的一部分，救济同样是司法的本职之一。随着理念转变和制度完善，司法救助工作逐渐常态化，相关正面报道屡见报端，此次当地政法机关的做法获得舆论称赞再度证明，司法的力量不仅要惩治犯罪、定分止争，还可让政法机关的司法救助提前就位成为常态，为受害人提供实实在在的司法救助，帮扶其走出当下困境。在案件办理后续阶段，面对当事人的窘境，当地政法机关还可发挥自身能动性，配合、协调民政部门等进行经济状态评估以及救助工作，必要时在审判阶段为犯罪嫌疑人提供法律援助，让民众能最大程度感受到司法的温情和善意，推动案件在实体处置层面实现闭环。

（观察时间：2020.05.06—2020.07.10）

3

广西“百香果女孩”遇害案二审研究

编者按： 2018年10月，广西10岁女童杨某燕卖百香果回家途中被同村男子杨某某强奸后死亡。一审法院以强奸罪判处杨某某死刑，剥夺政治权利终身。近日，媒体曝光该案二审结果，引发公众广泛关注，舆情持续发酵。杨某某因自首而被改判死缓是否经得起法律推敲，是争议的最大焦点，多数舆论质疑二审法院的改判依据。2020年5月10日，最高人民法院宣布对该案启动调卷审查，安抚公众情绪，舆论对案件后续进展表示期待。本文通过梳理该舆情发酵脉络，分析舆情成因，从后续处置的角度提出建议，以供参考。

【舆情事件】

1. 媒体曝光“百香果女孩”遇害案二审改判结果　引发舆论强烈不满

近日，广西“百香果女孩”遇害案重回公众视野。据红星新闻5月7日报道，3月25日，二审法院广西高级人民法院撤销一审死刑判决，改判死缓并限制减刑。二审法院认为，被告人杨某某父亲规劝陪同其到公安机关投案，其投案后如实供述犯罪事实，属自首，对案件侦破起到至关重要的作用，依法对杨某某判处死刑，可不立即执行，并限制减刑。受害者家属不服判决，准备申诉。据此前媒体报道，2018年10月4日，广西10岁女童杨某燕卖百香果回家途中遭同村男子杨某某强奸后死亡，被舆论称为“百香果女孩”，引起广泛同情。2019年7月12日，钦州市中级人民法院一审以强奸罪判处杨某某死刑，并责令退赔32元给受害者母亲。

红星新闻该篇报道还回顾了杨某燕被害过程和凶手极其残忍的作案手段，使得该案二审结果一曝光就激起舆论强烈不满，新浪新闻客户端网民评论数十万条，微博话题形成“# 男子强奸女童致死二审改判死缓 #”，阅读量迅速过亿，“杀人偿命”“坚决死刑”等声音充斥网络。

此后，受害者家属密集发声，舆情持续发酵。5 月 9 日，《新京报》等媒体采访杨某燕家属，杨某燕母亲称至今未收到道歉和赔偿，甚至法院责令退赔的 32 元都未归还。杨某燕舅舅称，法院判决杨某某赔偿被害者家属 31 万余元的民事赔偿至今未执行。同村村民表示，杨某燕家庭困难，父亲因见义勇为身亡；杨某某曾偷窃女性内衣且多次尾随女孩进行恐吓、猥亵，作案后“淡定上街买菜”。此外，封面新闻、澎湃新闻等媒体以作案路线图、虚拟动画等方式重现杨某某作案全过程。各类信息集中涌出，加重了舆论对法院改判理由的质疑，政法工作者也发文质疑称，杨某某在行凶过程中有“刺眼、刺颈、强奸幼女、抛尸”等加重情节，广西高级人民法院为何只考虑减轻情节，不考虑加重情节？

2. 最高人民法院介入案件获赞　法律人士热议改判依据和案件走向

2020 年 5 月 10 日，最高人民法院官方微博通报称，对二审终审的杨某某强奸一案调卷审查。最高人民法院快速介入案件获得舆论高度称赞，杨某燕母亲称“看到了希望”，央视新闻等主流媒体指出，此举“是对社会关切的积极回应，体现了司法与舆论的良性互动”。

律师群体对此案讨论激烈，其中多数律师认为，二审法院量刑不当，放大了自首在量刑中的比重。京衡律师上海事务所律师余超、北京市新桥律师事务所律师梅新和等人根据相关法律规定，认为自首情节不是减轻刑罚的必要条件，法院应当根据被告人实施的犯罪行为的事实、犯罪的性质、情节和对社会的危害程度综合量刑，对于犯罪情节特别恶劣、社会危害特别严重的罪犯，即使有自首情节，也可不从轻处罚。还有律师指出，本案系针对未成年人的犯罪，行为人手段极其残忍、情节特别恶劣，对被害人家属造成极大伤害，二审法院单以“自首”情节予以轻判，没有考虑案件整体情况，犯了“为了一棵树而放弃整片森林”的错误，是一种机械司法。部分舆论聚焦案件后续走向，有律师认为，最高人民法院的介入意味着该案存在再审改判、撤销死缓执行死刑的可能；也有律师认为，调查阅卷不代表本案一定可以进入再审程序，案件是否有转折尚未可知。

6月3日，杨某燕家属代理律师披露此案新进展，最高人民法院表示案件“正在加紧审查材料”。此前，受害方代理律师称将提交申诉书，积极跟进受害人申请民事赔偿，同时协助此前因见义勇为牺牲的杨某燕父亲申报“见义勇为”。7月10日，据上游新闻报道，杨某燕母亲向广西灵山县政法委递交了申请确认杨时愔（杨某燕之父）为见义勇为人员的申报材料，目前工作人员已经接收了申请材料。相关报道引发部分舆论关注。

【舆情解析】

1. 性侵儿童案件从轻判决背离朴素情感

近年来，性侵未成年人案件时有发生，频频刺痛公众神经。在此背景下，司法层面也秉持对儿童的优先特殊保护原则，从严打击侵害未成年人的犯罪。最高人民法院曾明确表态，性侵害儿童犯罪严重损害儿童身心健康，严重违背社会伦理道德，人民法院对此类犯罪历来坚持零容忍的立场，对犯罪性质、情节极其恶劣，后果极其严重的，坚决依法判处死刑，绝不姑息。在加强保护未成年人的社会共识下，二审法院由死刑改判死缓，偏离了公众“杀人偿命”“恶有恶报”的朴素情感和正义观，令公众愤愤不平。加之媒体不断披露案件细节，将行凶者残忍行径和被害者家庭困难的强烈反差直观呈现，进一步推高舆论不满情绪。

2. 个案争议的背后潜藏法律争议

该案引起如此高热的关注和讨论，也从侧面说明自首从轻这一法律问题争议激烈。法律规定对自首的犯罪分子，“可以”从轻，而不是“应当”从轻。实际上，围绕自首减刑引发的争议，同样具有自首情节的司法判例被网民和媒体挖掘，如北京民航总医院杀医案凶手孙文斌、上海杀妻冰柜藏尸案凶手朱晓东等，法院未因自首而从轻，仍然依法判处涉案人员死刑。但一些地方的司法实践中，自首似乎成为恶劣犯罪的“免死金牌”，导致舆论担心如果“自首即免死”成立的话，容易形成“恶的示范”。本案中，两级法院虽认定杨某某自首情节成立，但对自首行为在量刑时的权衡不同，导致该案二审结果出现了由死刑到死缓的改判。一审法院认为杨某某“自首不足以从轻处罚”，二审法院认为“自首行为对案件侦破起到至关重要的作用”，这一改判理由遭到众多专业人士质疑。多数律师追问“至关重要的作用”具体情况，并通过综合分析案件情节、主观恶意、悔罪表现、定罪标准等案情，认为二审法院量刑偏轻。正如媒体评论所说，当该案争议演变为全社会关注的话题时，它所带来的讨论以及相关法律的实施已经超越了案件本身，无疑具有示范意义，会影响到当下的社会心态，也会影响到今后人们的行为选择。

3. 舆论期待司法判罚对预防性侵再犯产生导向作用

根据检察机关分析发现，性侵害未成年人犯罪再犯可能性高，再犯预防的必要性非常突出。近几年，类似案例并不鲜见。如南京 9 岁女童被奸杀案的嫌犯单某龙已是三度犯案、四川男子陈某奎两犯强奸罪出狱后又奸杀少女、贵州贵阳猥亵女童教师刘某林曾因强奸罪被判刑 7 年。这类案件中，施害者的犯罪“前科”是媒体挖掘报道的重点，常常引起社会舆论对法院量刑的审视。同样在本案报道中，媒体着重描述杨某某作案前偷窃女性内衣、多次尾随和骚扰同村女孩，作案时非常冷静、手段残忍，作案后异常淡定、不曾道歉和赔偿等细节，令舆论对法院从轻判决是否考量了凶手的人身危险性、主观恶性和社会危害性产生怀疑。从这个角度来说，舆论对个案紧追不放，其实是期待法院以令人信服的专业判罚，进一步明确侵害未成年人的法律后果，对类案裁决产生积极的导向作用。

【舆情建议】

目前，最高人民法院的介入让案件讨论回归法律本身，舆论期待正义能够以看得见的方式实现。对此，法制网舆情监测中心提出三点建议，以期后续能澄清焦点、弥合纷争，消除公众疑虑，维护司法公信。

1. 详细研讨案情　厘清案件疑点

刑罚裁量活动是一项复杂、严谨、细致的工作，必须依法综合考量犯罪的具体事实、性质、情节、手段、损害后果、到案情况、认罪悔罪表现、赔偿被害人损失情况、人身危险性大小、主观恶性程度等多种情节，且使每一量刑情节都得到实际评价。若只考虑某一方面或者对关键情节认定不清，则会违背刑法罪责刑相适应原则，遭到舆论非议。就本案而言，仍有一些影响自首量刑的因素有待进一步厘清，例如数罪并罚还是单一罪名，杨某某犯罪行为为何只构成强奸罪，刺伤双眼及颈部是否构成故意伤害罪，水坑浸泡、抛弃在山坡等杀人灭口行为是否构成故意杀人罪，拿走32元是否构成抢劫罪？是主动自首还是被动自首？杨某某是否有精神疾病？真诚悔罪还是为逃避法律惩罚？再犯罪危险能否评估？接下来，不论后续如何处理，法院都应力求全面、准确、公正地裁量，让该案经得起法律的检验、社会的审视。

2. 精准释法　涵养公众法治素养

司法审判活动具有较强的专业性，公众由于不熟悉相关法律，往往基于道德、习惯等惯常行为模式与朴素正义感对裁判结果进行评判，若司法判决颠覆公众原有的认知模式，则会降低舆论对判决结果的认同感。该案件中，面对二审结果引发的强烈质疑，二审法院未积极应对，主动就改判依据、从轻情节等焦点问题作出回应和解释，导致争议不断。对于此类案件，舆论多围绕定罪和量刑展开讨论，后续司法机关应细致阐释案件事实与法律之间的关系，纾解社会焦虑，把个案变成一堂生动公开的普法课，涵养公众法治素养。

3. 保持司法与舆论良性互动　传递司法温度

司法审判必须坚持独立原则，秉持既定的法律规范和法理系统依法办案，不受外界任何干扰、更不应该受到社会舆论左右。然而，当司法和民意出现较大分歧时，若一味忽视民意的理性议论，有可能折损司法公信，难以让人民群众在每一个司法案件中感受到公平正义。全力维护好未成年人合法权益，既是舆论的共识性期待，也体现着人民法院的责任与担当。因此，为在司法理念中彰显社会关怀，实现与社会舆论保持良性互动，后续相关法院还需充分发挥审判职能，加大力度严惩侵害未成年人犯罪，同时针对受害女童家庭困难的现实条件，借助社会资源和平台主动提供司法援助和帮扶，持续传递司法温度。

（观察时间：2020.05.07—2020.07.10）

4

贵州安顺公交车坠湖事件研究

编者按：2020 年 7 月 7 日中午，贵州省安顺市突发公交车坠湖事故，当地应急等部门第一时间展开救援行动，网络舆情瞬间被引爆，事件发生原因引发诸多猜测。应急管理部、公安部相继派出工作组指导工作，7 日当日，救援部门共搜救出 37 人，其中 21 人死亡、16 人受伤，驾驶员已死亡。7 月 12 日，安顺市公安局公布公交车坠湖事件原因，系驾驶员张某钢生活不如意和对拆除其承租公房不满而蓄意报复社会。结论一出，舆情走势发生波动，出现了第二次热度高峰。主流舆论谴责涉事司机的极端罪行，部分舆论关联其房屋拆迁事件，猜测其曾遭受不公。安顺官方对此作出回应说明，并表示将深入调查。法制网舆情监测中心通过梳理事件经过，解析舆情发酵过程，评析相关部门的应急处置和舆论引导工作，为地方政府部门应对类似突发舆情事件提供参考。

【舆情事件】

1. 突发公交车坠湖事故　救援工作牵动人心

7 月 7 日 13 时 28 分，微博自媒体“@ 贵州头条排行榜”发布消息称，“今天中午，安顺一公交车冲入虹山湖，目前相关救援部门正在紧急救援中，也请附近的考生绕道而行，提前做好准备，祈祷无人员伤亡”。该微博发起话题“# 贵州安顺一公交车坠河 #”，并配有现场救援视频。7 分钟后，贵州省应急管理厅官方微博“@ 贵州应急”在该话题下发布信息称，“省应急厅党委书记、厅长冯仕文于第一时间带队前往事发地。省应急厅也已成立应急指挥部，调度各方力量全力组织开展救援”。此时该话题网民关注度并不高，网络留言多表达祈祷之意。

当日 13 时 56 分，“@ 贵州应急”发布情况通报称，7 日 12 时，安顺市西秀区一城市公交车行至虹山水库时，侧翻坠湖，目前伤亡人数未知，安顺市政府正在全力搜救落水人员。14 时许，“@ 人民日报”“@ 央视新闻”相继转发该突发信息，并分别加上话题“# 贵州安顺一载学生公交车坠河 #”“# 贵州安顺一载有学生大巴车冲进水库 #”“# 贵州冲进水库大巴内有高考学生 #”。高考日加上涉及学生安危，舆情瞬时爆发，事故现场的救援工作引发舆论密切关注。同样是“公交 + 落水”的情节，部分网民联想到重庆公交车坠江事故，猜测可能是乘客抢夺方向盘，也有声音认为可能是司机突然发病或是蓄意而为。

2. 公交车坠湖视频被曝光　事件原因引发猜测

7 月 7 日 15 时 03 分，“@ 央视新闻”发布公交车坠湖瞬间视频，监控显示大巴车短暂停留后猛转向，从对向车道横冲到对面车道后，冲破护栏并坠入水库。监控视频的曝光，为舆论推测提供新的佐证。多数网民认为，司机行车路线十分诡异，坠湖或故意为之。如有网民评论“司机一直在等，对面车辆没有经过才加速冲出去”；还有自媒体文章分析认为，从车辆缓慢起步到突然大角度转弯，然后加速、正面撞断护栏落入水库的过程来看，驾驶员“以全车人生命为筹码，进行自杀性报复”的可能性最大。此外，与涉事司机有关的信息在网上流传，如司机是“钉子户”、多次投诉拆迁办无果、女儿去年高考没考好跳湖自杀等，部分舆论呼吁公众不要擅自猜测或造谣传谣，建议等待官方调查组的结论。

此后，“@ 央视新闻”“@ 安顺发布”等媒体和部门持续通报救援工作进展，截至 7 日 17 时 30 分，共搜救出 36 人，其中 21 人死亡、15 人受伤，伤员已全部转往医院救治。应急管理部和公安部交通管理局相继在官方微博发文称，已派出工作组赶赴现场，指导调查处置工作，并要求查明事故原因，依法追究责任。随后，交通运输部通过官方微信刊文称，为深刻汲取事故教训，举一反三，交通运输部安委会印发《关于贵州安顺公交车坠入水库事件的警示通报》，其中要求切实强化城市公共交通安全管理，督促公交企业密切关注驾驶员身体、心理健康状况，严禁心理不健康、身体不适应的驾驶员上岗从事营运。公安部新闻中心官方微博“@中国警方在线”深夜发文表示，公安部副部长率工作组赶赴安顺市指导事件原因调查工作，贵州省公安厅已成立专案组对事件原因展开调查。多部门密集动作和表态引发网络解读，“车有问题”“司机心理不健康”等猜测增多，多数舆论认为该事故为刑事案件的可能性较大。

3. 媒体多角度还原事发经过　舆论期待官方调查结果

7月7日深夜和8日凌晨，“@安顺发布”相继发布坠湖公交车救援进展和驾驶员详情，称截至22时，共搜救出37人，其中有学生12人，5人已无生命体征；驾驶员张某钢已死亡，初步查明其于1997年至今一直在驾驶2路公交车，相关详细情况专案组正在作进一步调查。部分网民对事故中的逝者表达悲痛之情，尤其对5名学生死亡表示惋惜，并询问其中是否有高考生；另有部分网民认为应从该事故中吸取教训，及时排查安全隐患。与此同时，涉事司机遭到网络起底，如前同事回忆称其“性格很好”，司机的抖音账号也被网民翻出。还有媒体以采访相关人员、发布现场视频、3D动画模拟、整理时间线等多种方式，试图勾画事件全过程。此后，舆情热度开始走低。“关注公交车司机心理健康”“公交车落水后如何自救”等正面话题成为网民关注重点，一定程度上对冲了负面情绪蔓延。

7月9日，新华社刊发题为《公安部通报贵州安顺公交车坠湖事件有关情况》的报道，称公安部8日召开了全国公安机关视频会议，通报贵州安顺公交车坠湖事件有关情况，对加强公交车安全防范工作进行强调部署。多家媒体转发该报道，致使部分网民产生误解，以为有关事故调查报告已出，并追问事件真实原因。7月10日，财新网刊发追踪报道称，事发当天上午，涉事司机张某钢的老宅被拆除，其闻讯赶去但未能进入现场。该报道将房屋拆迁与公交车坠湖关联，给人以“司机不满强拆报复社会”的暗示，有舆论建议调查组立即着手倒查“老宅强制拆除程序的合法性”。

4. 事故调查结果推高舆情　衍生话题引发持续讨论

7 月 12 日 17 时 53 分，安顺市公安局在其官方微信就“安顺市西秀区公交车坠湖事件”发布详细调查通报。通报指出，公交车司机张某钢因生活不如意以及拆迁问题心生不满，喝酒后蓄意驾车冲进湖中；坠湖公交车经查并无机械性故障；网传张某钢女儿因高考失利投湖自杀系谣言，警方已立案调查。18 时 13 分，“@ 安顺发布”发布通报，对张某钢房屋被拆一事予以回应。通报指出，被拆房屋为西秀区酿造机械厂自管公房，张某钢在该厂参加工作时，厂方提供一套自管公房供其居住，产权属单位所有，其本人长期未在此房内居住。房屋拆除时，西秀区住建局已给予各类补助共计 7 万余元，但张某钢并未领取。此外，张某钢还申请了一套公租房，但未获得。通报最后表示，将进一步深入调查，房屋拆除和接访接诉过程中如有违法违纪行为，将依法依纪严肃处理。

上述两则通报对公交车坠湖事件进行了详细回应，公交车司机蓄意报复社会的调查结论再度震惊舆论，相关微博话题迅速登上微博热搜榜前列，阅读量突破 10 亿次，讨论数超 15 万条。多数舆论对肇事司机的自私行为表示愤怒，“@ 央视新闻”等主流媒体以“# 贵州公交坠湖司机蓄意报复社会 #”话题转发官方通报，“@ 人民日报”发布微评痛斥“因一己激愤，拉无辜生命陪葬，罪不容赦”。部分舆论认为，肇事司机是因为遇到不公才会如此极端，建议就房屋拆迁中是否存在违法违纪问题进行深入调查。对此，“@ 人民日报”评论纠正称，“报复社会的极端恶行，决不可作为解决社会问题的‘助攻’予以道德美化”；微博“大 V”“@ 胡锡进”发文呼吁所有网民一道予以痛斥，不留任何为其行为进行道德开脱的空间。微信公众号“侠客岛”认为，全社会应再度反思如何真正疏解社会“戾气”、开启应对失范行为的社会安全阀，反社会人群需要被安置，却又不可完全隔绝，本质上仍需“社会”监控、惩教结合、权力兜底。还有部分舆论建议关注公交车司机的健康情况，并讨论伤亡人员的赔偿问题。

截至 7 月 23 日 12 时，该舆情已平息，与事件相关的新闻报道 5000

余篇；微博 57.4 万条，“# 贵州安顺一载有学生大巴车冲进水库 #”“# 贵州公交坠湖司机蓄意报复社会 #”“# 贵州公交坠湖已致 21 人死亡 #”等多个微博话题阅读量超过 10 亿次，微信文章 3.9 万余篇。

【舆情应对】

此类报复社会的突发案事件具有较强的个人色彩和随机性，通常难以提前预防，一般以事后处置为主。当地有关部门在事发后第一时间采取行动，处置和引导各环节表现均可圈可点，获得了主流舆论的充分认可。

1. 反应迅速　稳妥善后有效安抚社会情绪

坠湖事件发生后，贵州省应急管理部门成立应急指挥部，迅速组织开展救援，并对伤者进行一对一专班救治治疗。应急管理部和公安部相继派出工作组赶赴现场指导工作，贵州省公安厅成立专案组展开调查。在公安、应急等部门和贵州省、安顺市多方联合下，一系列救援、善后工作得以快速开展，事件原因调查也在同步推进，有效安抚了焦灼的舆论情绪。

2. 动态通报　权威回应稳定舆情态势

应对报复社会类突发案件时，处置部门在通报方面往往顾虑较多，既要及时满足公众知情权，又要权衡信息公开尺度，以免引起仿效或者社会恐慌，稍有不慎就会诱发负面舆情，贵州官方很好地平衡了两者关系。该事件最早见于本地微博自媒体，7 分钟后政务微博代表政府部门发布第一条信息通报，避免网络信息爆炸但权威信息缺失的尴尬。随着救援工作推进，以“@ 贵州应急”“@ 安顺发布”为主的政务新媒体联合“@ 央视新闻”等权威媒体，持续发布救援进展、伤亡统计、收治情况、善后措施等适宜公开的信息，并且保证实时更新，让公众看到政府部门实实在在的行动。

作为结论的事件原因调查通报，是此类舆情中信息发布工作至关重要的一步，将直接影响到舆论引导成效的评估。高质量的通报需全面细致、逻辑清晰、证据链条充分。比如简要介绍公安机关的办案过程，客观还原事件的始末，完整呈现犯罪动机的证据链条，让公众了解事实真相。以此观之，安顺市公安局的调查通报基本具备上述要点，不但直面并回应舆论疑问，还针对舆论关注的拆迁问题专门作出解释说明。通报发出后，网络舆情很快降温。

3. 及时辟谣　正面宣传巩固引导效果

突发事件不可避免地滋生大量未经过滤的“假信息”，在官方声音还没到场的时候，舆论场总会先被网传信息占据。比如此次安顺公交车坠湖事件，事件原因还在调查，“司机女儿去年高考失利在事发水库自杀”的消息就在网上传得沸沸扬扬，类似情况在重庆公交车坠湖事故中同样出现，有关事故原因系女司机穿高跟鞋逆行的说法流传，导致该司机遭到愤怒网民的“人肉”。安顺公安及时在官方通报中作出澄清，并依法立案调查，防止谣言扩散造成恐慌情绪蔓延。此外，一名路过现场的法警不会游泳仍拼力救起 6 人，导致自己呛水住院，感人一幕引起主流媒体注意。在社会情绪仍处于悲痛低沉的时候，这类正面人物与事迹经过广泛宣传，能在一定程度上对冲舆论负面情绪，为舆论引导工作加分。

与此同时也应看到，当地政府部门和公安机关在舆情应对方面还有需要完善之处；有关房屋拆迁问题的调查尚无定论，也需防范舆情发生反复，消耗前期的工作成效。

1. 警方通报配色遭吐槽　需注重细节避免“踩雷”

此次舆情还有一个小插曲，安顺市公安局的调查通报采用蓝底白字的传统配色，但因色彩对比过于强烈，遭到网民吐槽“看完基本处于半瞎状态”。“@ 央视新闻”修改色调后重新发布，被网民点赞“贴心”。对此，“@ 江宁公安在线”专门发布长微博介绍警方通报如何配色观感更佳，获得超过 2500 万次阅读和 5 万人次转评，多数网民留言表示“实用”。警方通报配色看似小细节，影响却不小，它凝聚着大量一线民警的办案成果，如果因为一些细节问题给网民造成不好印象，不仅是对基层警方工作的不尊重，也会影响到整个信息发布工作的效果。因此，一份高水平的通报需要注重细节完善，避免在配色、措辞等方面踩中舆情雷区，使自身陷入被动应对衍生舆情的境地。

2. 舆论紧盯拆迁问题调查结果　需防范衍生话题再次爆发

官方通报证实房屋被拆是公交车司机蓄意报复社会的诱因，但该诱因在整个事件中负有多大责任，还需深入调查予以揭示。需要看到的是，在部分媒体报道和网络传言的影响下，有相当一部分舆论将“强拆”与报复社会原因直接画上等号。目前调查组就房屋拆除和接访接诉过程中是否有违法违纪行为进行深入调查，并表示将依法依纪严肃处理。因此，后续的调查结果发布将会重新唤起舆论记忆，当地调查部门需做好舆论引导方案，通过权威渠道和主流媒体主动发声，用翔实有力的通报还原真相、澄清误解。

3. 着力化解社会稳定风险　对冲个案模仿效应

个案的尘埃落定并不意味着这类事件的讨论就此终止，近年来屡有报复社会类极端案事件发生，造成的惨烈后果频频激起舆论主流的理性思考。一些地区还果断采取行动，如此次事件发生后，海口为全市 2122 辆公交车安装了“一键玻璃爆破”按钮，遇到紧急情况可瞬间爆破全车玻璃，留出逃生窗口。但这些显然还不够，弱势群体所背负社会压力是多方面的，通过防范那些已发生个案的作案手段，并不足以完全阻断模仿作案风险，消弭潜在危机。有关部门需综合舆论的合理建议，从多角度出发、采取多种措施加强预防，依法依规解决社会矛盾中的各种症结问题，从根源上疏解社会“戾气”。

（观察时间：2020.07.07—2020.07.23）

热点分析

F A Z H I G U A N C H A

1

郑州警方速破“司机性侵直播案”非法直播乱象亟待重拳整治

【舆情综述】

6月11日，微博网民“@巧克力翠翠杀”爆料称，6月10日凌晨，一名为“besafe2020june”的网民在某地下直播APP公开直播滴滴司机性侵女乘客的过程，视频时长21分钟，包括与“受害人”搭讪、朝其喷“香水”（迷药）等。劲爆信息刺激舆情骤然升温，不少网民关联此前滴滴司机性侵、杀人等恶性犯罪，猜测涉事者“早有前科”，并呼吁警方介入，还有网民查出事发地在河南郑州。当日21时，“滴滴出行”官微发公告称已就此事报警。新京报记者调查发现，该直播平台疑为地下色情直播平台“星恋直播”，并已向国家网信办进行举报。

随着舆情继续发酵，更多媒体报道此事。在知乎、微博等社交平台上，多个医学博主、法医学者等从“迷药”喷射液体量、发挥起效时间等角度进行科普分析，质疑视频内容的真实性，不少网民猜测该事件系“自导自演”。6月12日晚21时46分，郑州市公安局官微发布案情通报，称此案系“夫妻二人以网约车司机迷奸女乘客为噱头公开进行的色情表演”，2名犯罪嫌疑人已被警方抓获，均非滴滴司机。这条官方通报短短1小时内转发破万。网民直呼剧情“太荒唐、无下限”，呼吁“必须严惩”“直播平台和打赏者也不能放过”。爆料者“@巧克力翠翠杀”向滴滴公司道歉，表示自己“好心办了坏事，愿承担法律责任”。

全国“扫黄打非”办公室也于12日通报调查结果，称此事件暴露出非法网络直播平台和网络主播为牟取非法利益，不断突破法律和道德底线，行为极其恶劣，必须坚决打击。此后，媒体关注转向该案背后的非法地下直播平台乱象。据封面新闻、中新经纬等媒体报道，“星恋直播”被叫停，但平台主播已转战他处，“黄播”仍在继续；这类地下涉黄直播平台极为泛滥，部分直播网站服务器地址还在境外，成了法律的漏网之鱼。央视新闻“热评”表示，要依法全面查清涉案犯罪链条，并清理涉黄直播存在的温床。

6 月 15 日，据多家媒体报道，滴滴公司已向北京互联网法院递交起诉材料，追究涉黄直播平台和直播制作者、表演参与者的法律责任，账户“@ 巧克力翠翠杀”则因传播不实信息被新浪封号。

【舆情点评】

面对舆情，郑州警方火速出击、落地查人，仅用了短短一天时间就完成了破案抓捕、案情通报这关键两步，让原本喧嚣的舆论场快速回归平稳有序，办案速度与力度获得网民称赞，因个案产生的舆情热度随后快速回落。

不过，本案的警示意义并非仅仅如此。据媒体调查发现，此类非法地下直播软件还有很多，其伤风败俗的色情表演严重冲击了社会公序良俗和道德底线。6 月 8 日起，国家网信办、全国“扫黄打非”办会同最高人民法院、公安部等 8 部门启动为期半年的网络直播行业专项整治和规范管理行动。该案中的犯罪链条引发舆论探究，这也提醒政法机关，需加大执法司法力度，一查到底、严惩犯罪。一方面，针对滴滴公司已经起诉涉黄平台以及直播相关责任人，法院在审理时可将案件社会影响、个案风向标性质等角度纳入参考，统筹做好案件审理和舆论引导工作，以此重塑社会良好风气；另一方面，对于网络传播淫秽色情信息等违法犯罪活动，公安机关还需持续严厉打击，并做好典型案例总结和案件普法，净化网络空间。

（观察时间：2020.06.11—2020.07.01）

2

河南一法官被指胁迫涉黑人员认罪 两级法院及时介入获好评

【舆情综述】

6月9日，微信公众号“风雷财经”发文称，6月6日，某律师事务所举行的一场案情分析会上，修武县人民法院法官刘家新胁迫一涉黑案被告人家属，要求其劝告被告人认罪认罚的录音被公布。该涉黑案系河南安阳林州市人大常委会原副主任桑中生等22人黑社会性质组织案，目前正在二审当中。随后，该篇文章被删除。澎湃新闻持续报道此事，桑中生家属称，已就刘家新的问题向河南省人民检察院快递材料进行控告。涉事法官回应，录音内容不实，未与家属接触。部分网民留言建议“鉴定录音的真实性”。

6月10日，焦作市中级人民法院、修武县人民法院工作人员通过澎湃新闻回应称，正在调查核实此事。当日晚间，焦作市中级人民法院通过官方微信与微博发布情况通报，称经市县两级法院核查发现，该录音内容中刘家新的言语存在与法官职业素质不符的严重错误，存在违法违纪的可能。修武县法院已经责令刘家新停职检查，焦作市中级人民法院党组已经组织调查组进行调查，将根据调查情况依法依纪严肃处理。该通报发布后迅速引发关注，多数网民批评涉事法官“目无法纪”，呼吁法院严查严惩、清理“害群之马”。

媒体、自媒体转发通报内容的同时，在标题上突出“胁迫”“威胁”等词语，以及“你子孙后代这辈子都不能过”等言论，激起网民愤慨。媒体评论聚焦法官的职业伦理，如《新京报》评论认为，涉事法官“威胁”“黑老大”认罪认罚，存在明显违背法官职业伦理之处。澎湃新闻评论称，法官强迫被告人认罪，是错的；说“漏一点够你子孙过”，这是作出从宽的具体承诺，是错上加错，损害了司法公信力。另有自媒体文章关联涉事法官办理的其他案件，猜测其中存在同样的“猫腻”。目前，相关视频仍在网上流传。

【舆情点评】

该事件以网络爆料的形式出现在舆论场上，经过上级部门调查得到部分证实，加上录音内容的冲击力，涉事法官目无法纪、言辞嚣张的舆论印象由此形成。法官形象关系到职业伦理和司法公信，主管单位如果应对处置不当，可能刺激舆情升级甚至引发次生舆情。此次舆情发酵后，涉事法官所在法院以及上级法院强力介入，同步推进实体处置与舆情引导工作，取得显著的舆论效果。

具体来说，从舆情回应速度来看，6 月 9 日发布的微信文章引发关注后，10 日当事法院和上级法院就通过媒体回应舆情，10 日晚再次通过官方“两微”平台作出正式通报，一天之内两次回应，满足公众的信息需求。从回应态度来看，首次回应表示正在调查核实，“不护犊子”“不捂盖子”的鲜明态度赢得舆论好感；二次回应由上级法院提级通报，既亮明重视网络舆情的姿态，也保证通报结论的权威性。从回应内容看，通报慎下结论，表达“存在违法违纪的可能”，为后续调查留下空间。对于涉事法官审理案件是否公正的疑虑，上级法院表示已“组建资深法官合议庭审理该案”，防范了次生舆情发生的可能。

目前，事件调查结果未出，该舆情仍存再次发酵的风险。对此，焦作市中级人民法院等处置部门需尽快开展调查工作，通报调查结论和处置结果，回应舆论关切。如涉事法官存在违法违纪行为，法院需依法处理涉事人员，并在事件问题解决后形成有针对性的预防机制和措施，消除舆情隐患；如不存在违法违纪行为，法院也需详细说明相关情况，及时向公众澄清事实，引导舆论认可官方处置。

（观察时间：2020.06.09—2020.07.01）

3

南京女子利用航班延误骗保300万元被刑拘 官方通报平息舆论争议

【舆情综述】

2020年6月9日，据江苏电视台公共新闻频道报道，近日，南京警方抓获一名利用航班延误实施保险诈骗的犯罪嫌疑人李某。经查，李某自2015年起用亲戚朋友的身份信息，靠自己估摸成功的近900次飞机延误，累计骗取保险理赔金高达300多万元。目前，她因涉嫌保险诈骗罪和诈骗罪被警方刑事拘留。该案经"@荔枝新闻"发布后在微博上引起热议，留言中，多数网民认为李某"凭本事挣钱"，航空公司应反思航班延误率为何如此之高。

对于李某是否构成犯罪，在法律界引起争议。一方认为，李某只是利用规则漏洞谋取利益，不构成刑事犯罪，如北京云亭律师事务所合伙人康欣表示，此案只是保险合同效力、能否获赔以及赔偿金额多少的民商事争议问题；另一方认为李某构成犯罪，如北京威诺律师事务所创办人杨兆全律师称，李某主观上具有骗取保险金的故意和虚构保险标的的客观行为，构成保险诈骗罪。华东政法大学经济法学院副院长孙宏涛教授认为，李某以他人名义领取理赔款，虚构了其本人为被保险人或受益人身份的事实，且涉嫌数额达300万元，应属诈骗犯罪行为。还有部分媒体对保险公司报警的做法表示质疑，财新网文章指出，保险公司首选的办法应该是完善保险条款和改进投保规则，次选的办法是去法院主张保险合同无效，动辄寻求警权介入会维持甚至加剧市场主体的惰性、低效和无能；"@侠客岛"也评论称，动辄用刑事手段解决民事纠纷，是市场强势主体的一种傲慢，是对普通消费者的一种霸凌。

6 月 12 日，“@ 南京鼓楼警方”发布通报称，李某曾从事航空服务类工作，多次伪造航班延误证明等材料，虚构航班延误事实，骗取巨额保险金，目前检察机关已提前介入，案件正在进一步侦办中。该通报发出后，舆论场中针对李某行为是否构成犯罪的争议声音减弱，部分此前持异议的法律人士的态度发生转变，但也有不少网民对李某如何虚构航班延误信息、保险公司在出险后如何核查信息等细节提出质疑。据媒体报道，6 月 12 日起，多个购票平台及保险公司已修改航班延误保险规定，增加“不乘坐不理赔”等规定。此事在消费法领域引起的讨论仍在持续，7 月初，四川省保护消费者权益委员会、成都市律师协会金融与保险法律专业委员会及刑事法律专业委员会共同举办专题研讨沙龙，围绕最近热议的航空延误险骗保案相关话题，就“薅羊毛”与骗保之间的界限等问题开展深入讨论。

【舆情点评】

近年来，商业纠纷中企业报警、警方抓人的新闻一经曝光，往往会引发舆论对“民事纠纷刑事化”的担忧，如此前全国关注的“广东医生吐槽鸿茅药酒被跨省抓捕”事件中，内蒙古警方的做法遭到舆论口诛笔伐。同样，此案被披露之时，涉事者的行为是否属于诈骗犯罪也引起大量质疑，认为李某只是在“薅羊毛”、不涉嫌犯罪的观点占多数，“@ 侠客岛”的官方表态更是获得舆论普遍认同。因此，这一焦点问题能否厘清，直接关系到警方介入是否于法有据这个关键前提。面对舆论围攻，涉事警方通过官方微博平台发布通报，补充了李某“曾从事航空服务类工作”“伪造航班延误证明材料”等细节，回应了有关嫌疑人是否犯罪的舆论疑问，并表示检察机关已提前介入，这就将案件侦办工作置于检察监督和舆论监督之下，至此舆论质疑声有所减少。

目前，公众对此案仍存疑虑，案件进展情况备受关注，相关部门在跟进通报时，需做好舆情应对预案，一方面，就案件有关争议点，如李某如何做到“虚构延误事实”等进行详细说明，进一步纠正舆论认知谬误；另一方面，可视情安排专业人士围绕法律焦点进行解读，借机以案普法，引导公众形成理性认识，为案件办理营造良好的舆论氛围。

（观察时间：2020.06.09—2020.07.12）

4

腾讯老干妈“乌龙合同”刷屏网络 谨防企业负面信息波及政法机关

【舆情综述】

2020年6月29日，中国裁判文书网发布了深圳市南山区人民法院4月24日作出的民事裁定书，内容显示：2020年4月24日，深圳市南山区人民法院同意原告腾讯公司请求查封、冻结被告贵阳南明老干妈风味食品有限责任公司（以下简称老干妈公司）名下1600余万元财产。6月30日，《每日经济新闻》追踪报道称，此事系老干妈公司在腾讯投放了千万元广告，但无视合同长期拖欠广告费，腾讯被迫依法起诉。两家知名企业曝出官司纠纷，迅速吸引了网民围观。老干妈公司有关负责人随后回应称，从未与腾讯建立任何合作，已向警方报案。反转“剧情”引发网民热烈讨论。7月1日上午，老干妈公司所在地贵阳市公安局双龙分局发布通报称，曹某等3人伪造老干妈公司印章与腾讯公司签订合作协议，目的是骗取腾讯送给大客户的网游礼包倒卖获利，目前已被警方刑拘。网民纷纷调侃腾讯被骗了，不少网络段子手以此事进行创作，舆情热度高涨。《中国经营报》《新京报》等媒体和网民认为此事尚存大量疑点，如警方通报嫌疑人伪造公章犯罪理由不充分，曹某等3人如何骗过腾讯、如何支撑起半年的推广工作等；还有部分法律人士关注事件背后的财产保全执行、公章造假以及民事案件涉及刑事犯罪的处置流程等问题。

7月1日下午，深圳市南山区人民法院有关负责人称，案件还在审理，腾讯如果不撤诉，将于7月17日开庭。舆论场中开始出现针对大企业滥用司法手段以及“司法地方保护主义”的讨论，有专家分析认为，深圳市南山区人民法院裁定查封老干妈公司财产值得商榷，还有网民质疑未核清事实就冻结企业财产是否妥当。7 月 3 日，贵阳市南明区人民检察院称已依法提前介入老干妈公司被伪造印章案。7 月 10 日，腾讯与老干妈公司联合发布和解声明，腾讯向老干妈公司致歉并向法院申请撤回财产保全申请及诉讼，还就合同诈骗行为向贵阳公安报案，舆情随之降温。截至 7 月 16 日 12 时，相关新闻报道 8000 余篇，微博 138 万余条，客户端文章 12 万余篇，微信文章近 3 万篇。

【舆情点评】

互联网巨头和知名企业打官司本就容易吸引关注，而随着深圳市南山区人民法院、贵阳市公安局双龙分局、贵阳市南明区人民检察院多个政法机关的介入和回应，事件接连出现反转，舆情更加沸腾。作为涉事方，腾讯以“憨憨企鹅”“傻白甜”人设“自嘲”“自黑”，迎合了“吃瓜群众”的娱乐心态，使得严肃的司法案件迅速演变成全网参与的网络狂欢，一定程度上消解了舆情对政法机关的冲击。然而，事件本身存在的诸多疑点被按下，一些针对法律问题的严肃讨论也被模糊，越是众声喧哗，就越需要引起涉事法院和政法机关的警惕。

有自媒体梳理指出，2016 年以来，腾讯公司在深圳市南山区人民法院前后进行了几百起诉讼，无论作为原告还是被告，几乎赢了每一起诉讼，该公司法务部门被网民称为“南山必胜客”。此次“全民玩梗”则进一步放大了网民对腾讯滥用司法手段、享有司法优势的质疑。不独此事，内蒙古“鸿茅药酒”事件、华为前员工李洪元事件，以及近期的腾讯被辞退员工两度索赔败诉事件，都促使公众产生“司法地方保护主义冒头”的担忧，极大影响了公众对司法独立和法律权威的信任。因此，各地政法机关尤需增强舆情意识，在处理涉及本地知名企业的法律纠纷时，提前研判风险，加强舆情监测和舆论引导工作，特别是深圳政法系统需重视“南山必胜客”这一标签带来的负面影响，采取相关引导措施，逐渐扭转舆论误解。

（观察时间：2020.06.29—2020.07.16）

5

江苏发生暴力袭警案
警方有效引导破除不良猜忌

【舆情综述】

2020 年 7 月 6 日 17 时，江苏淮安警方“@平安淮安”发布公告称，当日 10 时许，警方在一小区核查网逃人员时，遭马洪兵、马伟兵两名网逃人员持刀行凶，致 1 名民警、1 名辅警重伤抢救无效牺牲，2 名嫌疑人仍然在逃，警方向社会征集线索。消息一经发布，立即引发各方舆论关注，微博话题“# 淮安发生重大暴力袭警案 #”迅速登上热搜榜，阅读量突破 1 亿人次。网民纷纷表示悲痛，希望尽快破案将凶手绳之以法。7 月 6 日 20 时许，淮安警方再度通报称，2 名在逃嫌疑人已于 18 时许被抓获。除了呼吁严惩嫌疑人的声音外，部分网民提出疑问，如“出警准备是否不足”“仅 2 名警务人员排查，警力是否不够”“为什么不允许开枪”等。

随后，澎湃新闻、《潇湘晨报》等媒体通过裁判文书网挖掘嫌疑人过往经历，嫌犯马洪兵曾因放火罪、盗窃罪、强奸罪、强制猥亵妇女罪等罪名 6 次入狱服刑等详细信息被曝光，微博话题“# 淮安 1 名袭警罪犯曾多次获刑 #”阅读量超过千万人次，网民被马洪兵的累累恶行所震惊，追问“民警核查为何不加强武器配备”。7 月 8 日，江苏省人民检察院发布通报称，淮安市检察机关已于 6 日下午提前介入侦查工作，引导侦查取证，将依法从快从严惩处。

7 月 10 日，南京市公安局江宁分局工作人员、微博大 V“@江宁婆婆”首先发布文章和部分执法记录仪视频还原案发始末，对舆论较为关注的出警人数、出警目的、装备配备以及案发过程等问题作出解释说明。文章认为，意外发生的原因除了歹徒穷凶极恶之外，还有袭击突然、快速，案发环境闭塞等因素。“@ 德州运河公安分局”“@ 浪里赤条小粗林”等警务官微和自媒体“大 V”积极转发扩散，文章阅读量很快超过 200 万次。7 月 11 日，澎湃新闻等媒体跟进采访相关人员，进一步披露马洪兵 2 人被追逃的原因、警方逮捕细节，以及反侦察能力极强，甚至备有临时藏匿点等内容。有网民建议，对于此种情况警务人员应适当考虑配枪，降低风险，相关政策也应赋予其更大的执法空间。目前舆情已平稳过渡。截至 7 月 16 日 12 时，相关报道 2614 篇，微信文章 3183 篇，微博 3.7 万条，相关微博话题阅读量超 5 亿次。

【舆情点评】

此次袭警事件造成 2 名警务人员重伤身亡，不论是案件性质和社会影响都极为恶劣，事件一经曝光，迅速激起舆论沸腾。震惊的舆论急切希望了解更多细节过程，媒体“各显神通”通过公开信息挖掘嫌疑人过往，给公众形成了先入为主的印象。由于前期通报较为简短，事件轮廓尚不清晰，在嫌疑人穷凶极恶的形象映衬下，网民自然得出了出警民警准备不足、装备不力的因果关联，进而对涉事公安机关产生不满情绪。

舆情发酵后，当地政法机关按照“三同步”工作原则积极应对，统筹实体和舆情工作，取得较好的舆论反响。从实体工作来看，警方在案发 8 小时后将嫌疑人抓捕归案，消除社会安全的风险隐患，从实体上斩断社会不稳定因素；检察机关积极作为，依法提前介入，确保案件在法律框架内得到从快从严办理。从舆情工作来看，政法机关及时、动态发布案情通报，向社会公布案件进展情况，满足舆论知情权。值得一提的是，此次舆论引导工作将新媒体的即时性、网络媒体的覆盖率紧密结合，“@ 江宁婆婆”作为省内具有一定影响力的警务类微博“大 V”，以专业的第一视角还原案发经过，正面对冲舆论质疑和不良猜忌；较具影响力的网络媒体澎湃新闻通过详细采访报道，还原更多细节，使得真相的覆盖面更广泛。当案件始末得以完整呈现后，舆论场上的质疑声快速消退，舆论引导工作成效显现。

（观察时间：2020.07.06—2020.07.16）

6

昆明一超市员工抓小偷被刑拘引热议 检方及时回应扭转舆论

【舆情综述】

2020年7月10日，据上游新闻报道，3月29日，昆明市盘龙区一超市员工苏某等4人将疑似偷窃货品的张某尊带入超市监控室，确认相关作案视频并商讨后续赔偿事宜。由于赔偿金额不及超市损失，苏某扣留张某尊1个多小时，直到警方赶到。随后，苏某等4人被昆明市公安局盘龙分局以涉嫌非法拘禁罪刑事拘留，其中苏某被检方批捕，其余3人获取保候审。苏某赔偿6.6万元后与张某尊达成刑事谅解。苏某代理律师认为，苏某行为不具有剥夺他人人身自由的故意，且扣留时间未达法律规定的12小时以上，请求检察机关依法作出法定不起诉决定。7月2日，苏某被取保候审。另据裁判文书显示，张某尊因盗窃罪两度被判刑，事发时刑满释放不足8个月。“@新浪视频”转载该新闻视频，并添加盗窃者“你把我送到派出所我也很快就出来，你还不是要放我”等嚣张语言，在微博上引发热议，形成“#失主抓小偷反赔6.6万#”“#失主抓小偷被控非法拘禁赔款6.6万#”等话题，多数网民质疑警方执法水平，认为如此操作是“鼓励偷窃”。

7月12日，事件出现反转。昆明市盘龙区人民检察院通过官微发布通报称，公安机关调查发现，超市监控视频已被格式化删除，苏某等人对张某尊进行殴打，致其全身多处软组织挫伤，经鉴定为轻微伤；让张某尊手持“我是小偷”字样纸张进行拍照，并以赔偿被盗损失为由，强迫张某尊将其账户内780元全部转入超市收银账户。期间，昆明市公安局盘龙分局依法对超市被盗窃案立案侦查，犯罪嫌疑人苏某等人已被刑事拘留。目前，案件正在依法进行审查。对此通报，苏某家属反驳称，张某尊轻微伤是逃跑过程中同苏某等人扭打产生。舆论场上，主流舆论多认可检方通报，如央视新闻、《法制日报》、《人民法院报》等媒体评论称，苏某等人行为属于“私设公堂”的违法乃至犯罪行为，被控非法拘禁并不冤；微博“大 V”“@ 吐槽鬼”“@ 韩东言”等人批评媒体断章取义，误导公众。截至 7 月 16 日 12 时，相关报道 506 篇，微博 1 万余条，微信文章 587 篇，“# 检方通报失主抓小偷反赔 6.6 万 #”等微博话题累计阅读量超 1.3 亿次。

【舆情点评】

该事件中，首发媒体报道内容冗长，尽管呈现了诸多案件细节，但并未引起网民理性看待。部分媒体转发时突出“抓小偷”被刑拘、反赔 6.6 万元、作案人系“惯犯”、被抓后态度嚣张等富含冲突色彩的信息，极具吸睛效果，给公众带来较大误解，直接导致了舆情爆发。同时，一些网民将此事延伸到劝阻不文明行为等热点事件中，渲染“好人没好报”的负面情绪，致使部分不明情况的网民指责涉事机关办案有失公正，认为警方的做法伤害了公众见义勇为、同不法行为做斗争的善心。在负面声音不断扩大的情况下，昆明市盘龙区人民检察院作为监督警方办案的第三方机构，通过官方微博、微信同步发声，详细梳理案件全过程，公开案件办理进展，客观呈现事件全貌。对于备受舆论争议的非法拘禁问题，检方以超市监控视频为据，说明苏某动用“私刑”的违法事实，内容翔实且直击要害，迅速改变了舆论风向。

对于此类因违背常情常理而引发舆情的事件，涉事政法机关按照“时度效”工作原则，积极开展舆情回应和舆论引导，及时还原事实真相、澄清问题，在舆论印象未固化前扭转负面认知，基本能够平息舆情。回到该案，嫌疑人是否会以非法拘禁罪被追究刑事责任，司法机关将依法依规作出公允处置，但是舆论场上为嫌疑人“鸣不平”的声音，也提醒办案机关还需做好以案普法工作，给公众划清法治社会不容“私刑伺候”的底线。

（观察时间：2020.07.10—2020.07.16）

7

成都 14 岁女孩坠亡
警方应对不利刺激网络质疑

【舆情综述】

2020 年 7 月 13 日，据澎湃新闻报道，6 月 28 日，成都市双流区发生一起 14 岁女孩坠亡事件，女孩母亲认为，坠楼或与 2019 年其被一企业老板邱某强奸致孕有关。2020 年 2 月，女孩在堕胎后报警，警方提取 DNA 样本，检测发现邱某为胎儿生父。2020 年 6 月，受害女孩被确诊患上重度抑郁症。成都市公安局双流区公安分局负责民警在接受澎湃新闻采访时称，嫌疑人邱某已被采取强制措施，但案件还在进一步调查之中。成都市双流区人民检察院表示，邱某涉嫌强奸一案目前已在审查逮捕阶段。

该事件因涉及性侵未成年人且造成严重后果，经媒体报道后迅速引发舆论关注，多个微博话题累计阅读量快速破亿。网民声音中，除了要求曝光涉事者身份并予以严惩外，还有部分网民认为警方在证据确凿的情况下仍未逮捕邱某，是在拖延办案。7 月 14 日，有微博网民爆料称，涉事企业老板系成都泸州商会常务副会长邱某林。该消息引发大量网民转发评论，不少网民向警方求证。

7 月 15 日，上游新闻追踪报道称，2020 年 2 月 4 日，双流区公安分局就坠亡女孩被强奸一案正式立案侦查，嫌疑人邱某被警方刑拘，然而疑似邱某的抖音账号在 3 月 10 日发布视频，显示其前往西藏拉萨旅游。报道还称，该抖音账号十分活跃，截至 6 月 23 日仍在更新内容。对于“邱某是否在押”这一舆论关心话题，双流警方确认邱某已被取保候审，有民警解释称“取保候审是强制措施的一种，警方仍有办法限制”。7 月 16 日，百家号“市界”发文称，嫌疑人邱某系成都泸州商会常务副会长邱某，其名下还有 5 家公司，曾因生意争执与人打架，被判刑 3 年。相关内容再度激起舆论不满，舆论场上追问为何嫌疑人能获保释且至今未被批捕、质疑办案机关工作拖沓的声音更加高涨。7 月 28 日，上游新闻报道称，成都市双流区人民检察院依法以涉嫌强奸罪对犯罪嫌疑人邱某批准逮捕，目前案件正在进一步办理中。

【舆情点评】

这起事件中，企业家性侵未成年少女的情节，令舆论关联到余波未平的“鲍某某案”“王振华案”，受害人怀孕并抑郁坠亡的严重后果更是引起公愤，舆论共振与情感共鸣两种现象在舆论场中交织，致使舆情一开始就带着巨大的负能量压向办案机关。从当地政法机关工作来看，实体处置和舆情回应方面均存在问题，刺激舆情持续发酵。首先，警方 2 月就已对该案立案，并掌握 DNA 等证据，但直到 7 月媒体曝光该案，涉案嫌疑人非但未被批捕，还在取保候审期间出游，种种可疑之处不免引发舆论猜测；其次，舆情发酵后，涉事部门未主动回应舆论疑问，民警所谓“有办法限制他”的“自信”言论与嫌疑人疑似“高调出游”产生鲜明对比，导致舆论指责警方办案低效，进一步加深了对办案机关的不信任。

鉴于这起案件尚未办结，后续舆情仍有反复的空间，当地政法机关须重视当前舆情对司法公信力产生的冲击，在充分研判舆论态势的基础上，全面掌握质疑、猜测等负面内容，有针对性地推进实体处置和舆论引导。如加快推进涉案嫌疑人依法批捕工作，视情倒查前期案件办理过程中是否存在违规办案、拖延办案等情况，主动通报进展和结果，掌握舆论引导权。此外，鉴于涉未成年人案件的敏感性，参与办案的公安、检察机关需要统一口径发声，避免办案人员在媒体采访时不当发声，或者案件办理细节曝光引发过度解读，带来不必要的舆情风险。

（观察时间：2020.07.13—2020.07.31）

8

南京“大学生偷外卖”事件引关注 警方辟谣澄清获认可

【舆情综述】

2020年7月17日，据江苏公共新闻频道《新闻空间站》栏目报道，7月11日晚，南京某快递员报警称其送至一小区的外卖餐食接连被偷，警方调查发现，租住在附近的男子周某有作案嫌疑，有据可查的偷外卖行为达10多次。派出所民警接受采访时表示，虽然每次盗窃的案值不大，但构成多次盗窃，周某已被刑事拘留。该民警还表示，周某为某知名大学本科生，目前正准备考研，为供周某上大学，其姐妹三人辍学。7月17日20时27分，“@荔枝新闻”转发上述报道，迅速引发舆论关注，多数网民对周某“靠偷外卖糊口”表示同情，部分网民认为外卖价值不高，累计盗窃金额够不上刑事立案标准。

此事在自媒体舆论场中掀起热议，舆论观点呈现两极分化，一方支持警方处置；一方认为周某“情有可原”，部分自媒体文章将周某刻画为一个贫苦又努力求学、为了果腹而不得不去偷外卖的悲惨人物，甚至将矛盾引向公安、教育等部门，导致批评声、质疑声涌现。比如多个自媒体引用法国名著《悲惨世界》中“冉·阿让偷面包”的故事，发文称“在‘偷饭’大学生面前，我们都有罪”“贫困大学生偷外卖盒饭被刑拘？怎么觉得我们比他还丢脸”；微信公众号“国际时事评论”指责政法机关“不作为乱作为”，认为应注意分析案件发生的深层原因；公众号“何思云”将此事与留学生补助政策关联，称“中国的名牌大学生没钱吃饭偷外卖，黑人留学生高额补贴还可以左拥右抱”，呼吁加大对贫困学生的补贴。另有部分律师、网络“大V”认为当事人不应被追究刑事责任，呼吁警方放人。

7月20日17时许，南京市公安局雨花台分局发布官方微博通报称，李某某（即新闻报道中的“周某”）已被取保候审，其自2018年大学毕业后在南京工作至今，有固定收入，两个姐姐分别在北京、海南工作。据李某某供述，因其购买的外卖餐食被人拿走，遂产生报复和占便宜的心理，多次盗取他人外卖餐食。通报发布后，舆论大呼“反转”，谴责自媒体误导舆论，对警方处置表示支持。《中国青年报》评论员文章指出，“从法律层面，警方的决定无可指摘。对于李某某，舆论给予同情可以理解，但不能回到‘谁弱谁有理’的思维定式上”；有律师展开普法工作，称我国刑法对盗窃罪有明确规定，警方依法处置合情合理。截至7月23日12时，相关新闻报道860篇，微博33000余条，微信文章超2300篇。

【舆情点评】

该案件之所以引发舆论热议，主要在于办案民警公开的信息不够准确、完整，“名校”“大学生”“贫困”“辍学”等标签给了部分自媒体“添油加醋”、煽动公众情绪的空间，并赋予了该起盗窃案在法律之外不恰当的社会意义，导致公安机关的处置工作遭到质疑。南京市公安局雨花台分局通过提级通报还原了案件真相，披露李某某的求学、工作和家庭情况，澄清其因家庭贫困而偷外卖属于不实信息，同时公开了李某某的作案动机以及目前已被取保候审的进展，使得舆论信服警方通报、转而支持警方。

此次舆情还带来两点启示：其一，基层政法单位需提升媒介素养，设立统一的对外发布渠道，通过权威信源进行信息发布，相关人员也需提升舆情素养，充分认识到哪些信息发布后可能会诱发舆情危机，在接受媒体采访时尽量不对外披露与案件关联度不高的信息，以免引起传播失实；其二，自媒体账号为了流量和利益，在热点事件中煽动情绪、制造对立的行为严重干扰正常网络秩序，亟待有关部门继续加强整治，依法对其中涉及的违法犯罪行为予以严惩。

（观察时间：2020.07.13—2020.07.31）

域外观察

F A Z H I G U A N C H A

1

美国出口管制法律体系

据商务部网站消息，美国当地时间 7 月 20 日，美国商务部产业安全局以“新疆人权问题”为由将 11 个中国实体列入出口管制“实体清单”。商务部回应称，中方对此坚决反对。美方把经贸作为政治打压工具，多次滥用出口管制等措施，动用国家力量打击他国企业，对国际经贸秩序造成严重破坏，对全球产业链供应链安全造成严重威胁。这不利于中国，不利于美国，也不利于整个世界。中方敦促美方立即停止错误做法，并将采取一切必要措施，坚决维护中国企业的合法权益。据悉，这是继 2019 年 10 月海康威视等 28 个中国实体，2020 年 6 月烽火科技等 9 个中国实体被列入“实体清单”后，美国故伎重施。此前，中兴被指违反美国对伊朗制裁，向伊朗出口含有美国技术公司制造的零部件的通信产品等，被列入“实体清单”。在美国转向全面遏制中国的背景下，美国将出口管制体系作为遏制中国科技发展的工具。综合媒体报道和专家讨论，美国的出口管制法律体系呈现出以下特征。

美国的出口管制体系法律完善，管制物品范围广、种类多。一是出口管制物品法律完备。美国从上至下有一整套严密复杂的出口管制法律体系。法律层面，《出口管理法》《武器出口管制法》《国际紧急经济权力法案》3 部法律是美国制定相应法规和指引的依据。法规层面，商务部依据《出口管理法》制定《出口管制条例》，国务院根据《武器出口管制法》制定《武器国际贸易条例》，财政部制定《伊朗交易和制裁条例》等。为了明确管制物品，美国还制定了一系列实施细则，如商务部制定的《商业管制清单》。

二是出口管制物品范围广泛。《出口管制条例》将受到管制的物品分为四种：第一种是在美国境内的所有物品，包括美国自由贸易区内，以及从一国运到另一国，中途经过美国境内的物品；第二种是所有原产于美国的物品，不论其位于世界何处；第三种是包含有原产于美国的受管制物品、软件及技术的外国生产产品；第四种是某些使用美国原产技术、软件生产的外国直接产品。

三是出口管制物品种类丰富。美国针对出口管制物品的管制措施主要是清单制度，清单主要有《商业管制清单》和《商业国家列表》。《商业管制清单》详细列举了受到管制的产品和技术，包括核材料及设备，化学材料，电脑，通信，信息安全，激光及感应器，海事，航空等 10 个类别。《商业国家列表》则将不同国家分为 A、B、D、E 四级，并对不同的国家以不同的理由，加以出口限制。除了以上两种清单，美国不同的执法部门也会制定不同的清单，如美国工业安全局的“被拒绝人员清单”和“实体清单”；海外资产办公室的“特别指定国民”和“被封锁人员清单”等。

（观察时间截至 2020 年 7 月 22 日，内容参考《对外经贸实务》《中国经贸导刊》《和平与发展》等期刊资料）

2

人脸识别技术引发担忧 欧美收紧相关技术应用

新冠肺炎疫情防控中，人脸识别技术在人口流动管理、体温检测等方面发挥了重要作用。然而同期，欧美国家却在逐步收紧人脸识别技术应用，侵犯隐私、数据泄露、算法歧视等问题成为其担忧重点。

欧盟和美国正通过立法、行政处罚等方式，逐步对人脸识别在部分领域的应用进行限制。2019 年以来，美国联邦和地方政府都开始出台措施限制人脸识别技术的应用。2019 年 3 月，美国参议员提出联邦法案《商业面部识别隐私法案》，拟禁止在商业领域使用面部识别技术跟踪和收集与消费者有关的数据。2020 年 2 月，有参议员提出《人脸识别道德使用法案》，要求暂时禁止政府机构使用人脸识别，直到政府形成人脸识别的使用准则和限制条件。6 月 8 日，在美国大骚乱的背景下，众议院提出《2020 年警察正义法案》，要求警察部门仅在“迫在眉睫的威胁或严重犯罪”的情况下才能部署人脸识别系统。6 月 11 日，美国三大科技公司 IBM、亚马逊和微软也因种族歧视问题暂停向警察部门提供其人脸识别服务。在州政府层面，美国俄勒冈州、犹他州等部分州及旧金山、奥克兰等市政府已相继出台法规，禁止或限制政府使用人脸识别技术和软件。

欧盟方面，2020 年初，欧盟发布《欧盟人工智能白皮书》，明确提出将推出立法在 3 至 5 年内禁止人脸识别技术应用于公共场所，以便有时间研究如何防止这种技术被滥用。欧盟成员国也已开始有限度地限制人脸识别技术的应用。2019 年 8 月，瑞典数据保护局决定禁止在学校使用人脸识别技术，并对当地的一所高中的滥用处以罚款。2019 年 11 月，法国发布《人脸识别指南》，提出了人脸识别技术存在的风险，并对该技术的使用进行规范，明确了政府、企业等各相关方责任。

公众担忧侵犯隐私、数据泄露、算法歧视是欧美各国限制人脸识别技术应用的重要原因。近年来，随着人脸识别技术在不同层面被广泛应用，越来越多欧美民众担心隐私权遭到损害。具体来看，大家的担忧集中在三个方面。其一，人脸信息可能被不当收集，甚至用来非法交易。只要人脸信息泄露，个人行踪轨迹和行为内容就可能被监控，且所有使用人脸识别验证的系统将不再安全。其二，如果人脸识别被用于深度伪造，不仅可能侵犯肖像权、名誉权、知识产权等权利，还可能被用于诈骗等犯罪活动。其三，人脸识别技术可能造成歧视，形成新的不平等。通过人脸识别出不同的种族、性别、身份等信息，个人可能受到不公平对待，算法歧视问题加重。

与欧美国家类似，我国民众同样担忧相关问题，专家建议加速出台相关法律。与欧美情况相似，我国民众同样对人脸识别技术滥用存在担忧，典型事件如，换脸软件 ZAO 陷入巨大争议，北京地铁用人脸识别将乘客分类被指现代版“刺黥”，杭州动物园强制刷脸引发“中国人脸识别第一案”等。对此，电子信息产业发展研究院研究员吕尧、中央财经大学法学院副教授刘权等专家建议，关注欧美国家人脸识别技术立法进展，解析其立法逻辑、具体内容，为我国提供借鉴参考。

一是考虑制定上位法统筹管理，加速出台相关法律。首先，通过立法规范包含人脸识别的人工智能等关键技术的科学研究、开发利用、产业政策以及监督管理等内容，保障重大关键技术应用的安全性和健康持续发展。针对人脸识别技术折射出的个人隐私保护问题，应尽快研究出台个人隐私保护法等相关法律，统筹考虑隐私保护、人权、伦理道德等多方面因素，从法律层面保障个人隐私权、肖像权、数据所有权等相关权利。

二是充分保障知情权和选择权，尊重和保护个人隐私。针对人脸识别这类涉及个人隐私技术的管理，可从三个方面落实法律要求、细化具体规定。首先，确保用户的知情权，包括明确告知用户所使用的技术、所采集的数据类型以及数据的使用目的；其次，收集人脸信息原则上必须获得明示同意，应确保人脸信息主体的明示同意是其在完全知情的基础上自愿给出的、具体的、清晰明确的意思表示；最后，对于采集到涉及个人隐私的数据，应综合运用数字签名、区块链等技术对数据进行标识，实现数据在流转中的可追溯；此外，要完善人脸信息授权撤销机制，使人脸信息所有人可以随时便利地撤回授权。

三是加强行业自律，建立长效监督机制。支持人脸识别技术研发及应用单位建立行业组织，研究制定人脸识别技术运用、人脸数据使用方面的行业公约或企业内部制度。就如何在人脸识别领域有效保护个人隐私，打造行业标杆、树立典范企业，以维护公众对人脸识别技术和行业的信心。同时，可与国家信用评价体系结合，制定相关企业信用评价标准及评价程序，由政府或社会第三方组织开展评价，将滥用技术和人脸数据的企业纳入信用黑名单并予以公示。

（观察时间截至 2020 年 7 月 3 日，内容参考《学习时报》《上海法治报》《网络空间安全》等媒体、学术期刊资料）

知识课堂

F A Z H I G U A N C H A

1

政法机关如何破除“特权想象”

编者按：舆情事件中，带有“豪车”“官二代”等标签的热点事件，将“特权想象”这一词汇推到舆论场中。在这些事件中，舆论情绪很快被挑动起来，网民和媒体深追涉事人员的身份背景、家庭关系等隐私信息，试图揪出嚣张不法行为背后的“特权人士”。相关事件的调查结果频频验证舆论想象，也进一步深化了舆论认知。本文通过解析舆论“特权想象”产生的原因及其在舆情上的表现，从政法机关舆情工作的角度提出几点解决思路，以供参考。

一、为什么会产生“特权想象”

首先，“特权思想”和“特权现象”确实存在。现实中，任性妄为的领导干部并不鲜见，比如自媒体曝光某县领导干部被拦阻后呵斥交通协管员“明年不要来找我签合同了”；某县人大代表醉驾被查后向交警叫嚣“我是人大代表，你们无权处置我”。此外，拥有较多社会财富和资源的富人群体，也常被舆论归为“特权群体”。如涉豪车肇事案中，肇事者的个人信息常被“人肉”，造成舆论对肇事者“有来头”的猜想。日常存在的“特权现象”给公众留下惯性认知——嚣张就是因为有权有势。而一些案例结果印证舆论猜想，也会加剧舆论对类似事件产生“特权现象”的“想象”。

其次，舆论放大“特权群体”外延衍生“特权想象”。随着热点事件的主角由官员本身扩大到其子女、亲友甚至“七大姑、八大姨”身上，舆论放大了“特权群体”的外延，即不一定是有“特权”的人才任性妄为，还有那些主动给自己贴上特权标签“狐假虎威”的人。其中，个别事件发生后没有及时得到依法公正地处理，也常常使得舆论对执法司法机关产生包庇、纵容等猜测和不满，导致热点事件成为社会负面情绪释放的“出口”。

二、“特权想象”在网络舆情上的表征

从多起案例来看，舆论对带有某些身份、财富或地位标签的事件具有特别的敏感度，这类事件的舆论爆燃速度快、讨论热度高，同时还伴随着舆论失焦和道德审判现象的舆情特征。

1. 舆论失焦。一些舆情事件本身发生在公开场合，在网络的聚光灯下得以迅速发酵，不但“在现场”的网民通过社交媒体积极参与传播，还能引起更多“不在场”网民的转发、评论、再扩散，使得信息来源变得更加繁杂，小道消息具有更多的辐射能力和影响力。网民关注的焦点很快从事件本身转移到对当事人身份、背景、关系等方面的猜测和讨论之上，并由此形成对事实的判断。这种判断，直接影响着接下来舆论对司法程序的信任程度。即便这种事实判断与官方认定有明显差异，一些网民仍然更愿意接受民间信息；而一旦官方结论符合舆论猜测，也会刺激网民为自己“赋权”，继续深追细查事件真相。

2. 道德审判。“特权想象”本质上是一种针对“无特权人士”的认知偏差，它还容易激发舆论的立场判断，将一切带有相关标签的事件引向对“特权群体”的讨伐和对社会不公的批判。网民爆料、媒体挖掘不断吸引眼球，加上“吃瓜群众”不负责任的转发，网民的立场判断很容易偏向道德审判，比如豪车女司机总会伴生“情妇”“小三”等桃色联想，嚣张跋扈“耍特权”行为背后肯定有着为官不廉、为富不仁的人性污点。而事实真相的客观性一旦被道德审判掩盖，官方与舆论的互动就会出现断层，即“你说什么我都不信”，因为这一群体的道德观已经“集体崩塌”了。

三、政法机关如何破除“特权想象”

政法机关对于网络热点事件中的“特权想象”不可不察，因为它关乎公众对公平正义的感受，影响的是网民对事实和立场的判断，需要及时发觉、及时处理，否则“特权想象”就会迅速转化为巨大的舆论倒逼压力，侵蚀政法机关的公信力。因此，官方声音想要在纷繁复杂的舆论场中突围，舆情工作需要更具权威性、主导性，官方通报也需要更加及时和丰富。综合相关案例中政法机关的舆情工作经验，法制网舆情中心总结了破除“特权想象”的三条制胜法宝和避免踏入的两处“雷区”。

1. 快——反应速度跟上网络舆论的敏锐程度

玛莎拉蒂、保时捷、劳斯莱斯等豪车一直是财富的象征，公职人员的身份也代表了手握公权力，这样的词汇出现在舆论场中，很容易触发网民的“特权想象”。在“仇官仇富”心理作用下，网民意图通过挖掘更多信息将其“绳之以法”。政法机关需对带有这类标签的事件保持舆情敏锐意识，及时介入。如果反应迟缓，将给舆论场留下谣言滋生、网络暴力的空间，不利于后期舆情引导工作的开展。如重庆保时捷女车主事件后又出现的北京劳斯莱斯女车主事件，北京警方反应迅速，现场处置也非常专业规范，并连续跟进后续处置通报，极大地阻断了舆论猜想的传播。

2. 细——通报细致梳理网络疑点廓清疑虑

官方信息发布在舆情发酵过程中存在不可忽视的重要作用，缺乏关键信息和有效佐证的通报往往引发舆论追问不止，而充分、准确、不护短、不躲闪的通报，对遏制舆情发酵势头具有决定作用。在重庆保时捷女车主事件中，警方通报堪称“范例”，值得各地学习借鉴。该通报针对女车主家庭背景、收入来源、交通违法处理等网络疑点，一一作出详细披露，同时还通报了官方对其“所长丈夫”的初步调查情况，廓清了舆论场中一直存在的多重疑虑。重庆警方扎实详尽的调查结论和主动回应舆论关切的态度，赢得了舆论一片叫好声。

3. 实——提高处置主体层级增加结论权威性

正如媒体评论指出的那样，大道一畅、小道难昌，传言会不会“见光死”，得靠权威调查。调查的权威性来自真实性，涉事部门“自己查自己”是否真能查清问题，舆论不但会打上问号，还会由此产生包庇、纵容、保护伞等质疑。根据事件影响程度和舆情发酵深度，此时采用高层介入、统一口径等举措，可以用高层部门的权威性为调查结果的真实性“背书”，有效防范次生舆情发生。如在备受关注的孙小果案中，舆论普遍认为其背后存在一顶庞大的“保护伞”，为其逃避法律制裁牵线搭桥织就了一张“关系网”。全国扫黑办派出大要案督办组进驻后，后续发布的进展通报显示孙小果确系“家世普通”，舆论普遍表示信服。

4. 雷区：过度管控或缄默回应加深舆论猜测

面对网络舆情，“封、堵、删”的强势压制方法存在越压越反弹的风险。若过度使用管控手段，网民会揣测当事人背后有“权势人物”为其“公关”，会导致对抗性追问，致使舆情热度持续。此外有关部门“怕、躲、捂”等“鸵鸟心态”，也会给谣言滋生传播、舆论炒作留下空间，可能让舆情危机从个人蔓延至政法机关。

2

探析热点事件中的“网络狂欢”现象

编者按：近期，在不少热点舆情事件中都出现了“网络狂欢”现象，大量网民聚焦围观、戏谑调侃，形成一种泛娱乐化、狂欢式的网络表达。从表现形式来看，“网络狂欢”是指在网络世界中发生的具有巨大影响力的、引起“众声喧哗”的网络现象。从含义分析，苏联文艺理论家巴赫金曾提出狂欢理论，认为狂欢是一种感官情绪和内心快乐的宣泄，具有全民性、自由性、平等性和仪式性等特征，其本质是对主流的反抗、对权威的消解。有研究指出，热点舆情事件中的“网络狂欢”是指以网络为平台和载体的集体狂欢，它是社会公众围绕网络热点事件中某一主题进行共同情感表达，感性地释放自我情绪，寻求平等自由对话，进行戏谑讽刺，对抗与颠覆等级和权威，具有强烈的社会影响力与冲击力的网络传媒的群体活动现象。本文尝试通过观察多起热点舆情事件，对这种特殊的网络舆论现象进行分析，总结其共性特征，揭示其背后的社会舆论心理动因，为政法机关研判网络舆情态势、开展舆情处置工作提供参考。

总结先前发生的不少舆情事件，比如重庆保时捷女司机事件、翟天临论文抄袭事件、奔驰女车主维权事件、视觉中国版权风波等，能够发现这些事件有以下几点特征：

一是偏戏剧性的舆情主体。从产生“网络狂欢”现象的源头来看，普遍都有一个“人设崩塌”的戏剧性开始，事件的发生往往颠覆社会大众认知，或者形成巨大反差感。比如，翟天临不知道写论文必须用知网，对其一贯营造的明星“学霸”人设无疑是极大冲击；又如，受过高等教育本应温文尔雅的奔驰女车主，却像“泼妇”一样坐到引擎盖维权，产生反差观感。可以看到，舆情事件本身的“料足”更可能引发“网络狂欢”，尤其是喜剧感强烈的情形，舆论更“喜闻乐见”。

二是娱乐化的演绎过程。“网络狂欢”最明显的表现形式，就是网民对舆情事件进行娱乐化解构，通过提取事件最鲜明、最有趣的部分，进行各种编排和二次加工，增强和凸显出其戏剧化成分。比如，重庆保时捷女司机事件中，其帽子打飞的画面被演绎成各种段子，淘宝甚至开始售卖同款帽子；奔驰女车主维权事件发生后，四川、甘肃、浙江、河南、广东等各地多名车主“效仿”维权，反复引发舆论讨论和调侃；翟天临论文造假事件中，也产生了“三次退档”“翟天临害惨毕业生”等大量网络段子。

三是“深扒”之下的深度发酵。网民往往不满足于舆情事件本身，还会通过各种方式去发掘更多谈资。所以“网络狂欢”现象还伴随着媒体“深挖”和“人肉搜索”行为，令舆情出现以点带面式的深度发酵。比如，翟天临事件中，网民不仅曝光其多次论文造假，甚至高考成绩仅 300 多分、导师名字写错等细节也被全面曝光；重庆保时捷女车主被曝出多次交通违规、与其他车主产生纠纷甚至“口出狂言”。这些内容都是在为“网络狂欢”持续“加料”，更增强了事件本身的喜剧色彩，同时也加重了狂欢意味。

四是带有戏谑色彩标签的诞生。在这种“网络狂欢”的热点舆情事件中，都会形成具有戏谑色彩化的新闻标签。比如，“帽子姐”“不识知网翟天临”“引擎盖维权”等，这些略带戏谑色彩的新闻标签，用短短几个字符全面而准确地描述热点舆情事件，在生动形象地对舆情事件浓缩概括的同时，也增强了网络热点事件的趣味性，容易被网民记住并传播，推动舆情的深度发酵，也拉伸了“网络狂欢”的持续时间。

热点舆情事件中产生“网络狂欢”现象，其背后还有着舆论心理的直接作用。社会大众在网络掀起这样一股舆论浪潮，主要出于反叛心理、从众心理和窥探心理三种心理动因。

1. 反叛心理：解构权威的情感宣泄

网络世界情感状态的狂欢，往往与现实世界的控制和规训有关。尤其是网信部门在热点舆情事件中越来越常使用的管控方式，都一定程度上积聚了网民的不满情绪。当网络“话语权”被进一步收紧，网络规制变得越来越严格，网民更愿意以一种戏谑方式，通过“恶搞”或“效仿”等另类行为，在欢乐、嘲讽的氛围下宣泄自我情绪，对主流的、权威的对象进行解构，颠覆主流的话语范式和话语权格局。

2. 从众心理：群体无意识和网络情感极化

“网络狂欢”看似是网络人群大量集结的结果，但却最可能产生非理性情绪，不同网民的观点和情感互相激荡和传染，当某种观点成为网络舆论的主流倾向时，就会不断吞噬、消灭其他反对意见，身在其中的网民则表现出无意识地盲信和盲从，此时网络主流情感出现极化。勒庞在《乌合之众》中阐述了这种群体以及群体心理的特征，指出当一个人融入了群体后，他的所有个性都会被这个群体所淹没，他的思想立刻就会被群体的思想所取代，同时产生情绪化、无异议、低智商等特征。

3. 窥探心理：网络暴力被“正义化”

伴随“网络狂欢”中大量“人肉搜索”等网络暴力行为，都多多少少暴露出网民的窥探心理。打探、窥私、爱听小道消息，其实是一种人皆有之的心理现象，起源于人们对未知的好奇和安全感的需要。但在现实社会中，不少人的生活压力无处宣泄，与他人的精神交流也越来越少，于是在网络上窥探别人的私生活成为一种乐趣。而“网络狂欢”现象提供了这样一个出口：在现实生活中无法登堂入室的窥探心理，在对当事人一致讨伐的齐声高呼中，能以狂欢娱乐的形式被堂而皇之地“正义化”。

【结语】

热点舆情中的“网络狂欢”现象，往往起源于普通平常小事，但由于其戏剧化特质，加上网民娱乐化演绎和不断“加料”，使得事件影响力越来越大，最终迅速形成一场网络舆论风暴。不同于在惯常热点舆情事件中，网民直接质疑和指责其中反映的社会问题，此类事件中网民以戏谑、调侃式的另类方式予以关注。这种方式往往在貌似一片欢乐的氛围之下，隐藏舆论的真实诉求和不满，这容易导致政法机关对此类舆情事件不能及时关注和回应。同时，“网络狂欢”现象中出现的“恶搞”等非严肃的表达，与官方权威正统的信息发布，往往不在一个“频道”，容易产生沟通不良、对话不畅等反作用。而此种现象中非常容易产生网络情感极化，放大网络舆论非理性情绪，网民被集体无意识推动形成极端舆论倾向，造成整个舆论场偏离理性轨道，给社会带来价值观的歪曲和误导。值得注意的是，这其中经常被使用的“人肉搜索”等方式，在群体非理性状态下，令舆情事件朝着扩大化的方向发展，“人肉搜索”变成“人格侮辱”，并向网络暴力方向演化，进而导致网络空间的失序和混乱。

上述因“网络狂欢”现象对热点舆情带来的负面影响，都需要政法机关在舆情工作中加以警惕。在舆情处置中，一方面政法机关要第一时间抢夺舆论主导权，善于发现“网络狂欢”背后的真正民意，及时回应舆论关切，积极调查处理，不论是正面回应还是持续发布，都需要做到公开透明有理有据令人信服；另一方面政法机关要有序引导舆论进行理性探讨，为网民群体找到情绪发泄出口，使舆论讨论保持在可控的范围内，促使舆情在“众声喧哗”中尽快冷却，并将讨论框定在更为客观理性的基调下进行。

3

“教科书式”官方通报的八大要诀

编者按： 近年来，政法机关深耕舆情工作，逐渐了解并熟知网络舆情的发展规律和特征，舆情分析预判能力、引导处置能力也得到较大程度的提升。比如，北京市公安局针对劳斯莱斯女司机堵塞医院急救通道事件的通报就获得广泛赞誉，微信公众号“中央政法委长安剑”称赞通报“硬核”“零差评”，“@人民日报”、《新京报》将该通报誉为“教科书式”。除该事件之外，云南省扫黑办通报孙小果涉黑案调查进展、重庆警方公布保时捷女车主事件的调查结果，以及浙江女童失联后遇害案的通报，均有力地澄清了事实，消除了公众疑虑，获得媒体和网民的普遍认可。

如何成就一则“教科书式”官方通报？通报需包含哪些要素和内容才能称得上是“教科书式”？政法机关又该从哪些角度入手打造“教科书式”通报？法制网舆情监测中心梳理上文提到的4起正面典型案例，从通报前期的准备工作、时间选择、发布渠道选择、通报内容、外部力量等五个层面着手，总结出“教科书式”通报的八大要诀，供有关部门参考。

1. 提级处置　穷尽式调查获取关键线索

舆论引导的前提，是了解舆情事件全貌。要做到这一点，至少需要从两方面着力：一是上级管理部门要及时对发生在基层的事件提级处置，以派员调查、督办、指导、监督等方式介入案件、尽职履责；二是办案人员要以案件本身为基础，详尽调查当事人及相关人员的一切行为，从中获取关键线索，对调查过程中发现的违法违纪行为需准确定性，并按照法定程序办理案件。比如，重庆保时捷女车主事件中，舆情责任主体是派出所一级，重庆市公安局、市纪委监委驻市公安局纪检监察组等上级机关，渝北区纪委监委、区委政法委也以不同方式参与到案件当中，这种自上而下的协助、相关职能部门的监督指导，传导出的是压力和责任，为精细化的案件通报奠定了基础；孙小果涉黑案被全国扫黑办列为重点案件，并实行挂牌督办，加快了案件办理速度，也是通报质量的另一种保障。

2. 研透舆论　精准掌握关切点和质疑点

成功引导舆情的基础，是精准掌握舆论关注点和质疑点。一般而言，重大舆情事件发生后，网络信息都是纷繁复杂的，媒体采访各路人等、发表不同角度的评论文章，自媒体扩散传播并表达煽动性较强的观点，微博话题和热门新闻中有大量揣测、质疑、批评等性质的网民留言和跟帖。舆情主体需要从中打捞出言之有理、有具体指向的舆论观点，将之研透，并对这些舆论观点进行分类、总结，从中找准网民关切和质疑所在，为下一步舆情回应做好充足的前期准备工作。比如，在孙小果涉黑案中，舆论最为关注的就是孙小果背后是否有“保护伞”；在北京劳斯莱斯女司机堵塞医院急救通道事件中，网民对其背后是否有“特权”以及“牛牌”来源表示出了浓厚的兴趣。这些都是舆情主体在回应之前，需要精准掌握的关键问题。

3. 因“事”制宜　半月内通报结果效果较好

重大舆情事件回应，应秉持“第一时间通报事实和进展、调查完备后通报结果”的原则。但如果调查“空窗期”过长，导致长时间没有新进展公布，会使舆论产生舆情“烂尾”的质疑，舆情主体也会被指不作为、慢作为。因此，关键通报的发布时机就显得很重要。北京劳斯莱斯女司机堵塞医院急救通道事件于 2019 年 8 月 14 日被曝光，警方于 2019 年 8 月 27 日发布详细通报，历时 14 天；重庆保时捷女车主事件于 2019 年 7 月 30 日被曝光，2019 年 8 月 12 日重庆警方通报阶段性调查进展，同样历时 14 天；浙江女童失联后遇害案自 2019 年 7 月 4 日曝光到 2019 年 7 月 15 日的通报，前后共 12 天；孙小果案自 2019 年 4 月 26 日《新京报》报道后诱发舆情，到 5 月 28 日通报案件办理进展，时间跨度刚过一个月。观察发现，对于社会面关注度高的突发案事件，详细完备的调查通报发布宜安排在案发后半个月之内，这样既能保证在较为充足的时间充分开展调查，也可延续公众对案件的关注热情；对于历时久远、牵涉面广的重大舆情，一个月左右应该有阶段性的进展通报，否则可能引发民众对相关部门拖延不力的质疑。

4. 联动通报 “官微 + 央媒”确保信息真实

在回应内容准备妥当之后，摆在舆情主体面前的，就是通过何种渠道对外发布。渠道利用得当，提前建立联动发布机制，能够使通报的传播覆盖面实现最大化，确保通报“原汁原味”地抵达舆论场，减少因渠道选择不当等因素造成的信息流失或内容失真。前文提到的 4 起经典案例中，北京劳斯莱斯女司机堵塞医院急救通道等 3 起事件通过官微通报，分别是“@ 平安北京”“@ 平安渝北”“@ 浙江公安”；孙小果一案调查结果由新华社发布。据新浪微博数据显示，“@ 平安北京”在发布通报后，单条微博覆盖人次 3.2 亿，形成 12 个转发层级，吸引“@ 北京交警”“@ 首都网警”等官微关注；新华社发布孙小果涉黑案通报后，短时间内媒体报道和客户端文章转发量突破 3000 篇。

此外，官微间的联动对于通报的传播扩散有着较大促进作用，如“@ 平安渝北”发布保时捷女车主事件的调查情况之后，“@ 平安重庆”“@ 江宁公安在线”分别在 3 分钟后和 1 小时左右予以转发，该通报覆盖人次超过 1.7 亿，获赞近 20 万次，转发量近 9400 次；“@ 浙江公安”发布的女童失联后遇害案调查情况经“@ 公安部刑侦局”等转发，获得近 9 万次点赞。可见，权威来源以及官微联动，既保证信息真实性，也带动通报取得良好传播效果。

5. “投其所好” 通报须切中舆论疑点

通报切中疑点，是获得舆论认可的关键。比如，在北京劳斯莱斯女司机堵塞医院急救通道事件中，大多数舆论仅凭当事女司机驾驶悬挂“京 A88”牌照的劳斯莱斯轿车，就揣测其背后有公权力撑腰，而官方通报阐明车牌核发以及多次流转的时间，以及该车牌是如何被涉事女司机持有的具体经过，打破了公众的“特权想象”。在孙小果涉黑案中，公众一直对其父母身份多有猜疑，云南省扫黑办的官方通报直面问题，不仅公布孙父生前的工作状况及死亡时间，还公布了其祖父母和外祖父母的身份信息，舆论称赞“这次调查情况很清晰，孙小果的‘祖宗十八代’都快给列出来了，以前关注的问题都给出了回答”。由此可见，官方通报的核心就在于“想舆论所想”“投舆论所好”，针对舆论关注的焦点问题，结合调查结果，作出充分合理的解释，公众疑虑自然迎刃而解。

6. 条分缕析　呈现充足证据和细节

在一起相对复杂的舆情事件中，针对案件及当事人的讨论通常是多维度的。对此，舆情主体需要作出针对性回应，包括案件基本情况、各方当事人的行为及处置情况、网络相关传闻是否属实、案件调查进展、下一步调查方向等。一则“教科式的通报”，需要将上述内容条分缕析地呈现出来，既方便公众阅读，一目了然地看到关键，也能让舆论从中看出舆情主体对案件的重视。除此之外，通报还必须辅以足够的证据和关键的细节，如要说明当事人涉嫌违法，就需要点明其具体的违法事实、造成的影响，以及相关的法律规定等；要澄清围绕当事人身份背景的传闻，就需要公开其家庭、工作、社会活动情况以及财产等细节。含糊其辞、欲说还休的回应只能适得其反。以重庆保时捷女车主事件为例，重庆交警在前期视频通报中，调侃式提醒“话说女子做生意赚了钱，有钱也不能任性啊”，态度不清引起网民猜测；后期的调查通报，渝北警方将当事人李月及其丈夫童小华的基本情况、家庭财产情况、保时捷轿车交通违法处置核查情况、李月从业情况以及其他网络传闻都作出详细介绍，十分具有说服力。

7. 整治谣言　以正视听赢取信任

重大舆情事件发生后，谣言和不实信息接踵而至，误导了公众、给舆论场制造了混乱，徒增舆情主体的引导成本。面对事件之外的衍生舆情，舆情主体不可轻视，更不能视而不见，需要及时辟谣，引导公众理性发表观点。除此之外，针对网络谣言的处置情况也需予以充分公开，如造谣人员的身份信息、谣言传播情况、造成的恶劣影响以及行政处罚措施等。观察发现，上述 4 起舆情事件在传播过程中均出现了网络谣言，如重庆警方针对网传广泛的男司机遭人半夜敲门、威胁，北京警方针对劳斯莱斯小客车出现在二手车市场准备出售等信息予以及时辟谣，其中北京劳斯莱斯事件的造谣者因虚构事实扰乱公共秩序被行政拘留。相关部门主动辟谣并严惩造谣者，不但赢得舆论信任，也树立了执法权威，起到良好的警示作用。

8. 借助外力　增强通报的专业性和认可度

协调媒体发布针对性报道，或邀请专家对舆情事件中的专业问题作出解释，也是舆情引导的重要一环。这种借助外力的引导方式能够从侧面增强官方通报的专业性和社会认可度。具体来看，舆情主体在通报工作前，应该准备好引导预案，并与驻地中央媒体、本地主流媒体或有关领域专家沟通协调，围绕相关问题展开释法说理，以此配合官方通报。比如，孙小果涉黑案通报发布后，央视新闻、《人民法院报》、《检察日报》、《人民公安报》等媒体分别采访或刊发陈光中、陈卫东等知名法学专家的署名文章，从法理角度论证孙小果案立案再审的合法性及法治意义，彰显政法机关遵循法治精神，回应社会关切的积极作为。根据法制网舆情监测中心统计，这一轮“组合拳”引导后，超过七成网民支持官方通报，并对孙小果案再审表示出极大支持，彻底扭转了此前疑云密布的舆情态势。

4

如何做好警务案情通报工作

自媒体的多样化形态加速了网络传播，令一些社会案件、突发事件能够短时间迅猛形成舆情，掀起巨大的网络舆论风暴。警方如果不能妥善进行处置应对，就会产生恶劣的社会影响，更可能造成公信力的折损。因此，在舆情应对中，公安机关的案情通报显得尤其重要，因为通报是警务工作直接面向公众的“窗口”，接受社会舆论的质询和检视。从舆情实践来看，警方案情通报工作的及时和恰当与否，往往也直接决定了舆情处置的成功与否。本文以时间为顺序，对公安机关在介入调查的初期、中期和后期，就如何做好通报工作作出解析，对不同时期的通报工作的原则进行总结，以供参考。

一、案件曝光期：以“警”为主导

公安机关第一时间介入案件是非常关键的一步，能够凸显官方的权威性和处警的灵敏性，为舆论场吃下“定心丸”，但是同时也需要注意用语和态度的谨慎。

原则 1：及时性

案件发生之后，网络信息传播迅速，小道消息纷杂，舆论猜测不断，容易滋生谣言，甚至引起社会恐慌情绪。此时，警方第一时间通过官方微博、微信公众号等权威渠道进行通报，及时告知案件真实性、情况具体等重要信息，能够起到澄清事实、消解谣言、稳定人心等作用，也可为事件进一步处置奠定良好的基础。反之则会给后期工作带来诸多负面影响。

原则 2：谨慎性

警方初步介入调查，并不能准确全面地掌握各方面情况。加之事件舆情热度不断攀升，仍处于网民持续爆料的阶段。此时，公安机关要注意遵循“谨慎定性”这一重要原则，在通报中不要轻易使用判断句，而是尽量以客观叙述的方式，用描述性语言将事件讲清楚。值得注意的是，越是情况紧急、关注度高、情节离奇的案件，警方越要在通报中慎之又慎，切勿为了平息舆情，匆匆忙忙抛出一纸结论。如此不但不能缓解危机，反而可能激化矛盾。

二、案件调查期：以“情”为主导

好的情况通报同时也是“高情商”的通报。案件自发生到调查结束，一般会持续一段时间。在这段时间里，警方有必要将中间的调查工作、阶段性调查结果予以公开，既是对社会焦急情绪的照拂，也是对公众的知情权和参与权的保证。

原则 1：持续性

在调查过程中，公众渴望了解到案情的有关信息和工作进度。有鉴于舆论需求，警方不能只顾实体的案件调查工作，而不顾公众网络情绪，在舆论场一直沉默不语、不作发声。明智的做法应该是根据调查处置情况，注意及时公布调查进展，对阶段性调查结果应予以通报，持续用官方权威信息导控舆论场。有时候，还需向公众说明调查的方式、方法，比如如何寻找相关证据线索、怎样确定事实性质等。

一个值得学习的警务案情通报案例是浙江女童失联后，浙江杭州市淳安县公安局在 2019 年 7 月 10 日发布通报确认女童失联之后，淳安、宁波等地警方一面加快搜救调查，一面密集发布案情进展，接连不断的信息发布，较好满足了公众的知情权，有力缓解了舆论焦灼情绪。

原则 2：选择性

这一阶段的案情通报难点在于，警方公开的内容是否与公众期待相契合，即公众要想知道的内容应该也是警方需要公开的、并且可以公开的内容。一旦出现冲突，该公开的不公开，不该公开的说很多，则会引发质疑，令舆情反弹。比如在情况通报中过多强调涉事人员的身份信息、地域信息等。此外，通报的选择性原则还应注意对内容严格筛选，由于阶段性通报并不能完全代表最终的调查结果，所以应避免出现容易引发误解、造成猜测的内容，尤其避免将警方对案情的推测以及可能使人产生联想的破案细节写入通报，这样极容易引发新一轮网络质疑。

三、案件调查后期：以“法”为主导

舆情处置工作无论何时都应牢牢把握法律准则，这也是“三同步”原则将“依法办理”放到首位的原因。在调查结束之后，政法机关一定要把通报落脚点放在“法”字上，展现在法律范围内、法治轨道上依法有序处置的姿态。

原则 1：全面性

作为结论性的调查结果通报，是警情通报工作至关重要的一步，通报发布水平如何直接决定了舆情处置的最后成功与否。一份好的通报必须要全面、细致、逻辑性强，不仅将公安机关立案、侦查、破案的过程详细说明，还能用逻辑清晰的证据链条还原案件整体实情，把案件发生的犯罪动机、原因等讲清楚，让公众了解事实真相，必要时还需提供更多有影有声的关键性材料辅助佐证。更重要的是，一份好的通报还需对各个细节“照顾周到”，既要直面问题，对于舆论场中存在的所有疑问有所回应，还需对网络不实信息进行澄清说明。总而言之，好的通报不仅能够平复舆论场之前的质疑和焦虑，还能够对之前的处置瑕疵起到“亡羊补牢”的效果。

例如，在重庆保时捷女司机事件中，涉事警方的前期处置略显不足，但最后堪称“教科书式范本”的调查通报却扭转了不利局面，通报近两千字事无巨细地击破各个舆论疑问。警方遵循全面性的原则，用权威可信的调查结论驱散舆论猜测，有力地凸显出警方公正客观、不偏不倚的处置态度。

原则 2：依法性

公安机关作为执法管理机关，在处理过程中必须依法行事，严格遵守依法性原则，在通报中也体现出处置的权威性与合法性，才能令公众心悦诚服。在北京劳斯莱斯女司机占用医院救急通道一事中，涉事警方依法依规作出的通报就获得了舆论赞赏：涉案车辆车牌为租用，“中介”已被刑拘；涉案劳斯莱斯转卖消息不实，散布谣言者已被行政拘留。此外，“劳斯莱斯女”单某某因涉嫌伪造、变造、买卖身份证犯罪，被采取刑事拘留强制措施。警方通报直指“牛车”“牛牌”“牛人”三个焦点，紧扣依法处置主线，用法治方式向公众作出了满意答复。

此外，警方对于社会影响较大的典型案件予以严肃处理，不但满足了公众的知情权与监督权，同时也是对全社会一次深刻的案例普法教育。例如，上述案例中，警方通报在最后呼吁“良好的社会秩序需要公众共同维护……广大群众不信谣、不传谣”等，通报在以个案通报为契机穿插进行普法教育，也值得学习。

5

突发事件处置需把控“四个重视”

当今舆论传播呈现融媒体、多终端的发展趋势，公共舆论环境愈加复杂多变，热点事件的舆情发酵周期受到多重因素的影响，不但舆情走势更加难以预测，舆情妥善处置也变得更加难以把握。对于政法机关而言，全面勘察舆情危机事件，将其内化在处置各个阶段，尤其是密切追踪舆情演变过程并进行动态分析，审时度势地作出及时、恰当的反应，对于引导社会舆论和平息舆情无疑有很大助益。那么如何对舆情处置过程进行动态把控和管理，法制网舆情监测中心结合部分热点舆情案例进行分析，总结出“四个重视”以供参考。

1. 重视过程中的动态监测和研判

当前，各级政法机关对于舆情的重视程度普遍较高，基本上组织起了专业力量进行涉地域涉部门的网络舆情监测，为预防敏感信息发酵成热点事件发挥出重大作用。

但是，目前在实践中，各地相关部门显示出“重开头轻过程”的处置倾向，即舆情发生之后或者发现舆情苗头之后，基本都能比较迅速地介入、回应，从程序上完成政务公开的“规定动作”；但是首次回应之后，舆情很快进入新的快速发酵阶段，相关部门往往对如何动态反应缺少足够自信，这主要表现在无法根据舆论反馈进一步作出灵敏应对。

这提示相关政法机关，在舆情处置过程中，政法机关需要密切关注事件发展动态，加强对舆论场信息和网情民意的收集，对公众的关注焦点和诉求出现的新变化保持敏锐感知，及时作出审时度势的处置和反馈，以实情工作推动舆情降温。

2. 重视关键节点的把控和动态发布

当危机事件进入舆情扩散期，任何的“一不留神”都可能使问题恶化。民意如川，最有效的疏通方法就是抓住民众最为关注的核心问题。对于涉事政法机关而言，在与舆情危机动态交锋过程中，一定要有足够高的舆情敏感度，时刻保持舆情在线意识，善于发现和判断危机可能的走向，准确把控舆情的爆发点、峰值点和转折点等不同关键节点，才能有的放矢地围绕舆论关注的热点、疑点，做好信息动态发布工作。

全媒体时代的最大特点就是线上线下“零时差”的同步性，尤其是在危机快速发酵形成舆论风暴阶段，面对网络的质疑和舆论矛头的指向，官方部门都要尽可能地早发声、快发声，切勿以为事件已经介入处置或通报已经公布就“一劳永逸”了。要知道，舆情处置最忌讳“信息真空”，一旦网民质疑不能及时得到回答，就可能产生丧失公信力的“塔西佗陷阱”。而且全媒体环境下的慢信息即是弱信息，即使官方信息具有足够的权威性，舆论关注度也会因为发布速度过慢而降低，进而大大削弱官方信息的传播效果。一种比较有效果的做法是密集发布信息，以官方主导信息冲刷舆论场。比如在成都七中食堂被指提供霉变食物舆情事件中，涉事官方对舆情保持实时关注，做到了动态实时反馈。在舆情发酵最为迅速的一天之中，官方微博“@金温江”先后发布五份通报，对平稳度过危机起到了关键作用。

3. 重视对传播矩阵、响应层级的适时调整和提升

在动态处置和信息发布过程中，处理单位还要注意根据不同情况选择更适合的媒介渠道。在舆情危机程度较低的事件中，处置单位可以优先使用官方微博、微信公众号等官方自媒体渠道，做到即时反馈、灵活应对。这也是速度和效率最高的发布方式。当然，官方在自媒体发布的同时也可以结合媒体报道，放大官方声量。在媒体选择方面，如果舆情传播范围仅是获得局地性、区域内的关注，则采用以覆盖当地群众为主的地方性媒体；如果危机程度较重，已经或有趋势蔓延成全国性舆情事件，那么处置单位

就需及时提升媒体报道层级，着力协调中央级媒体介入报道。而一旦事件升级为全国性的重大舆情事件，各路媒体纷纷涌入，容易产生信息无序发布的乱象，这就需要处置单位通过新闻发布会这一重要形式，召集不同部门参与，集中通报事态进展，回应舆论关切。

总体而言，官方的信息发布策略应对新媒体和传统媒体各有侧重，且通报内容的焦点有所不同，从而保证信息发布的均衡。尤其在重大舆情中，涉事官方无疑应采取尽量多的信息发布渠道，搭建立体式传播结构，形成以官方主导的舆情引导格局。

此外，在舆情发酵过程中，随着网络爆料和媒体深挖，可能牵涉的部门增多，这就需要更多部门相互配合，针对危机的各个层面，逐一进行有针对性的回应和行动。同时，官方还需在必要时提高响应层级，由省级或更高部门进行正式回应，以增加信息的权威性，这样既体现出官方的重视程度，也能达到一锤定音的效果，从而挤压舆情发酵空间。

4. 重视不实信息的及时发现和即时澄清

在一些重大突发舆情事件中，事态发展迅猛导致各种网络信息泥沙俱下，不实信息常常甚嚣尘上。尤其是在舆情处置过程中出现的谣言，作为舆论负面情绪的表达和延伸，折射出网民对权威信息缺失下的不安与疑虑，处理不及时很容易导致公信力受损，所以政法机关需高度重视此类信息的发现和消除。

在江苏响水“3・21”爆炸事故中，网络中出现了多种谣言，先是爆炸发生后谣传“爆炸物质为苯，产生大量有毒气体”等内容；多年前的旧报道被移花接木到现在，如“40 天前央视辟谣传言成真”等信息广为流传；有关伤亡情况的谣言，如“18 名消防员因吸入大量致癌气体而牺牲”等内容开始被散布。对此，相关部门分批分次进行辟谣，及时阻断了谣言的传播。由此可见，在重大舆情事件中，政府部门及时进行信息公开最为关键，尤其是在网络谣言出现的第一时间就准确捕捉并予以辟谣澄清，最大限度降低谣言大规模传播的可能。

6

“智媒体”时代对传播格局的影响

随着 AI（人工智能）技术和 5G 技术的迅猛发展，与之紧密相连的媒体成为首先迎来行业变革和格局重塑的领域之一，AI 技术将深度重构传播的每一个环节、每一个链条，信息的生产与传播将被重新定义。近段时间以来，“智媒体”这个概念舆论关注度极高，成为新媒体市场上的热门词汇。“智媒体”又叫智能媒体、智慧媒体。目前，学界关于“智媒体”概念还没有统一定义。较为权威的说法有：暨南大学教授谭天认为，“智媒体”是基于移动互联、大数据、虚拟现实、人机交互等新技术的自强化的生态系统，实现信息与用户需求的智能匹配的媒体形态；清华大学教授彭兰指出，“智媒体”主要包含三个特征，万物皆媒、人机合一和自我进化。

在媒体行业内，早在 2017 年，封面新闻最早建立了“智媒体”实验室，提出以“技术 + 内容”双轮驱动，打造“智能 + 智慧 + 智库”的“智媒体”。这一概念很快获得了行业认同。目前，以新华社、人民日报、中央广播电视总台为代表的中央媒体成为领头军，纷纷成立“人工智能媒体实验室”，打造媒体人工智能平台，探索“智媒体”的发展方向，占领下一次媒介变革的“桥头堡”。

可见，“智媒体”将成为媒体今后重要的发展方向。那么在智能化的背景下，AI 技术如何渗透媒体内容采集、生产、分发、接收与反馈等各环节？对传播格局和网络舆情行业将会产生哪些深刻影响？本文从传播者、传播内容、传播渠道、传播对象四个要素入手，探讨相关行业发展的前景。

一、传播者：大数据成为传播基础　舆情行业也将向智能化发展

信息时代，各类消息已经极大丰富。尤其在人工智能的加持之下，万物互联将成为现实，媒介无处不在，人人都是新闻的生产者。作为媒体而言，新闻素材俯拾即是，及时打捞并发现有价值的信息成为关键。由此，信息数据的监测成为今后媒体的必要手段，短期来看，媒体通过对舆论场中的网民讨论，尤其是对自媒体舆论场短时间走红话题的采集，提高自身快速识别新闻要素事件的能力，才能在新闻报道中抢占先机。

另一方面，传播越来越依赖用户的各类数据，这就对网络舆情的应对处置提出更高要求，相关部门必须先于传播机构掌握更多的数据，才能提前发现其中潜在的舆情危机。因此，舆情研究机构需要在大数据的基础上，组建一套反映更加灵敏、研判更为精准的舆情预警系统，这也相应促使整个舆情行业将向智能化的监测方向发展。

二、传播内容："人机融合"将成创作主流　内容缺陷存在舆情风险

目前，国内媒体行业已经可以实现机器人写稿、虚拟主播等技术。早在 2015 年 9 月 10 日，腾讯财经用新闻写作机器人发布了一篇经济报道，开了国内机器人写稿的先河。此后，新华社、第一财经、今日头条、南方报业都推出写稿机器人。此外，虚拟主播开始登台亮相，2019 年全国"两会"期间，新华社和《光明日报》分别推出了 AI 合成主播"新小萌"和"小明"。

机器人在消息、通讯类稿件撰写和播报方面有着快速的优势，但是短期内机器人仍然不太可能从事深度报道、政策解读、新闻评论等思考型内容的创作，可以预见在很长一段时间，"人机融合"将可能成为新闻内容创作的主流。同时，由于机器人在新闻伦理方面有着天然的感知缺陷，AI 创作可能产生较大的舆情漏洞。面对发稿迅速的机器人写手，新闻"误

伤”带来舆情风险的情况可能会出现，新闻机构甚至政府部门如何建立起相应的纠错和补救机制，避免负面影响扩大，值得引起思考。

三、传播渠道：社交媒体将再迎革新　监测手段需要与时俱进

随着5G的商业普及应用，社交媒体平台技术将会迎来新一轮的变革，以人工智能技术为主导的交互媒介成为主要传播渠道。虽然仍不能预测会以何种具体形式出现，但目前可以看到的是，该技术将对现在以秒拍、抖音为代表的移动直播传播方式产生颠覆。由此可见，在人工智能技术主导的社交媒体时代，传统的单一信息传播渠道将会被打破，受众可以进入到具体场景中进行交流和互动；社交场景也将从现实扩展到更加丰富的虚拟现实，沉浸式的体验也会让受众更加身临其境。传播渠道的迭代和新媒介的兴起，令舆论生态形式更加丰富、传播方式更加变幻莫测，而现有的舆情监测技术手段，往往落后于最新传播形式，亟须在技术层面实现突破，与时俱进地参与更新变革。

四、传播对象：超精准描述“用户画像”　产生正负双向舆情效应

目前，以“搜索关键词”为算法基础的新闻推送机制，往往信息庸杂不清，很难满足对用户精准推送的需要。那么，AI技术和媒体结合，就能很好地解决传播对象不确定、不清晰的问题。通过技术手段对用户信息采集、数据挖掘分析等，媒体对“用户画像”可以实现更精准的描述。媒体平台可以据此满足内容多样性的诉求，将不同的消息类型进行个性化推送，通过控制过滤力度，避免线上内容的同质化所造成的“信息茧房”效应。同时，还可以为用户提供跨域知识体系，从点对点的局限性扩展到跨领域内容呈现。

对于舆情行业而言，一方面，“用户画像”和平台融合，能够更准确

地对一些特定群体和人物进行信息追踪，达到“按图索骥”的效果；另一方面，随着个性化的内容定制成为主流，不同爱好和观点的网民可能聚集和下沉到更加细化、更加隐蔽的圈层，传播对象的进一步细分也可能会加大舆情监测的难度。

7

“刷屏级”爆款文章六大招式：解析政务新媒体运营秘籍

经常关注微博热搜榜的网民一定会发现，2018年下半年以来，像“一天299人集中自首”“6年前林志颖6年后郭德纲”“仙女寝室覆灭记”“暴雨梨花式报警”等涉及政务工作的热搜频频上榜，吸引了众多媒体与网民的关注。不论是案件通报还是日常互动，政务新媒体的宣传素材、内容、方式都越来越紧跟潮流，新颖有趣。那么这些“刷屏级”的内容是如何成为爆款？有哪些招式值得借鉴？法制网舆情监测中心分析了12个政务新媒体典型案例，总结出六大招式，以期为政务新媒体的创新运营提供参考借鉴。

1. 蹭热点式：切中肯綮，不拘一格

都说新媒体运营要蹭热点，但蹭热点不是为蹭而蹭，其中最重要的前提是要找准热点与自身职责与定位的契合之处。春节前温情短片《啥是佩奇》走红网络后，就有公安官微抓住“电焊”和“鼓风机”这两个知识盲点向公众进行一波“硬核”科普。先有“@警民直通车－上海”提醒网民“电焊作业要有证”，后有“@平安北京”提示春运期间严禁携带“装汽油的鼓风机”这种易燃易爆危险品进站上车。网民直呼“警察蜀黍的职业病又犯了”。过年期间，电影《流浪地球》爆红后，苏州交警结合春节返程高峰期，率先在高架桥的电子屏上展出了观众热议的电影台词，“道路千万条，安全第一条；行车不规范，亲人两行泪”，从此各大政务官微也纷纷加入“流浪地球造句大赛”。实际上，不论是“鼓风机”的科普，还是“流浪体”的火热，都是官微精准捕捉关联点、不拘一格创形式的成果。这样不仅蹭了热点，还使得“热点＋政务”的热度叠加，创造了新的热点，引领网络潮流。

2. 动情式：流露真情，触及人心

相比于冰冷枯燥的公文体，舆论更倾向有温度、有人情味的官方通报。2019 年 2 月 9 日，山东莘县公安局通过官方微信通报了一起坠亡事件。该通报一改以往就事论事的文风，除了描述案情基本事实之外，还写下了一大段劝人珍惜生命的温情宽慰之语，一天之内便获得了超 10 万次的阅读量，起到了澄清事实、消弭影响、抚慰人心的作用。2018 年浙江发生女生乘坐滴滴顺风车遇害案件后，乐清民警给受害女孩写了一封倾吐内心自责和积郁的信。这种倾诉式的对白，既表达了惋惜之情，又向公众传递了真相，回应了舆论对警方“不积极立案”的质疑。正是这种渐进式的情感推进，最终打破隔阂，触碰到公众柔软的内心。网民看过后纷纷表示感动泪目，对警方工作从质疑到认同，一封情真意切的信成为扭转舆论风向的关键之举。

3. 释疑式：多重维度，情商在线

公安机关不仅要打击犯罪，还要保护群众的安全，但有时舆论对警方所做的工作并不完全知悉或理解，这就需要新媒体上场，充分发挥释疑引导作用。2018 年 10 月，南京一女大学生坐反末班公交车，报警后被警察用警车送回学校，却有网民质疑警察浪费警力。对此，“@ 江宁公安在线”先是发布了详细的图文介绍，接着又放出了当时的报警录音，用图、文、声三重维度展现了当事女生无助的处境，力证女生选择报警是“理智且正确的”。随着“暴雨梨花式报警”这一词条登上热搜，警方的暖心作为收获网民一片称赞之声。有时候面对舆论争议，官方不回避、巧回应的态度更容易收获好评。比如前段时间作家刘慈欣“上班摸鱼写作”话题使得电力系统工作不饱和的问题引起网民质疑，国资委官微“@ 国资小新”积极回应，像唠家常一般，轻松澄清了事实。再加上与当事人一来一回的互动，更是圈了一大波粉丝。

4. 撑腰式：维护群众，体现担当

当政务新媒体摆脱掉官方的严肃面孔，像亲人朋友一般维护群众利益时，往往会收获好感。2018年8月，浙江桐乡“一男子掌掴环卫工人”事件发生后，桐乡公安先在通报中严正声明“任何人欺凌老人都该被社会唾弃”，然后才步入正文，表示会依法给予该男子15天行政拘留并罚款的处罚。这篇“霸气通报”传达出与公众朴素道德观相契合的态度和立场，因而引发了强烈共鸣，被人民日报、新华社等官方微信转发推送，多篇微信文章阅读量超10万。同一时期，“深圳公安”微信公众号喊出“世上的小裙子你尽管去穿，地铁色狼我们来抓”的暖心话，一改以往社会舆论单方面强调女性要自我保护的传统思维，大加维护女性爱美的权利，被赞“男友力爆棚”。这样的官方通报不但体现出“为民撑腰”的精神内核，更是在文字形式上跳出公文的藩篱，可以说是成功的创新尝试。

5. 提醒式：反应机敏，责任外显

政务新媒体要想与群众更加贴近，就要确保信息触角能够通达全网，哪里有需要，便在哪里第一时间出现。比如2019年1月14日，演员伊能静发微博向粉丝推荐印度灵修课程，被网民质疑涉嫌传销和宣传邪教。紧接着“@中国反邪教”“@中国警方在线”以及各地反邪教官微便开启了提醒模式，网民纷纷点赞称“官博的提醒及时到位，能挽救很多人”。毫无疑问，在官微的强势提醒后，伊能静删除了“卖课”博文。如果说“@中国反邪教”和“@中国警方在线”的提醒是“及时到位”，那么“@中国消防”就可以说“无处不在”了。不论是从短视频新闻中发现“仙女寝室”的违规灯饰，还是从综艺节目发现明星没有及时拔掉家用电器，“@中国消防”好像在全网装了“监控探头”，无时无刻不在发现新线索，并且“在线派单”。而这种细心地捕捉和发现，其实就是一种责任感的外显化。

6. 调侃式：幽默有度，挖掘故事

在当下越来越轻松活泼的新媒体话语环境下，官微幽默调皮的话风已不再是新鲜事。但调侃常有，令人印象深刻的调侃却不常有。这是因为一般性的调侃只是耍耍嘴皮子，没有深意可言。如果背后有故事可挖掘，再用调侃之语寓教于乐，这样的宣传效果才更好。“@ 海南警方”发布了一组犯罪嫌疑人排队自首的照片，还很“皮”地调侃道：“别挤！一个个慢慢自首！”引来了大量网民围观，央视《新闻 1+1》也对背后故事进行报道。原来，排队自首的“壮观景象”，与警方对电信网络诈骗采取专项打击行动营造的强大攻势和威慑密不可分。正是警方前期大量的实体工作作铺垫，才有了说出调侃之语的底气与自信。贵州六盘水民警滚枝森自曝“6 年前后发量对比照片”，经“@ 钟山公安在线”发布后，被网民调侃为“林志颖”变“郭德纲”。而“自黑照”的背后，是一线民警辛苦付出的体现。即使是调侃，也饱含着网民对民警的心疼与敬意。可以说，有故事作衬托的调侃才更能经受得住舆论考验。

【结语】

2018 年底公布的《国务院办公厅关于推进政务新媒体健康有序发展的意见》指出，要“积极运用政务新媒体传播党和政府声音，做大做强正面宣传，巩固拓展主流舆论阵地”。这就要求各级政务新媒体不断贴近群众，增强信息传播的创新性、趣味性。当下，已逐渐涌现出“@ 中国消防”“@ 平安北京”“@ 苏州交警”等一批走在潮流前端的账号，但也有部分政务新媒体存在互动性弱、用户黏性不足等困境，还需要进一步转变思维，学习借鉴成功经验，大胆尝试，勇于创新。舆论正期待着更多政务新媒体新秀的诞生。

《政法舆情》产品升级说明

尊敬的《政法舆情》读者会员：

感谢您对《政法舆情》的信任和厚爱！

《政法舆情》是由法治日报社法制网舆情监测中心推出的内部参阅性资料，是研判政法舆情热点和趋势、分析舆情应对得失的智库类电子产品。《政法舆情》每周一期，供会员网上阅读（一会员一密码）。

应广大会员“保存资料”的要求，我们将从2020年下半年开始**向会员赠阅图书——《法治观察》**（原《政法舆情观察》，现更名为《法治观察》），**每月一本**。会员服务费仍为每年1980元整。

此外，2020年下半年我们将对《政法舆情》产品进行升级，提升会员阅读体验。

1. 浏览更加便捷

（1）登录法制网阅读。

网址：http://yuqing.legaldaily.com.cn/opinion/index.php/login/

二维码：

（2）下载法治日报客户端“法治号”阅读（2020年10月上线）。

（3）关注微信小程序“政法舆情”阅读（2020年10月上线）。

2. 内容更加丰富

（1）政法舆情危机应对典型案例。

（2）舆情处置策略得失分析。

（3）政法领域网络舆论生态、舆情发展特征的趋势性分析和前瞻性研究。

（4）新媒体运营技巧等。

3. 提升阅读体验

（1）增加培训课件。

（2）增加舆情听书。

（3）增加案例小视频等。

再次感谢您长期以来对《政法舆情》产品的关心和支持，您有任何问题和建议请联系我们。

联系人：何佳君

电　话：010-84772595

邮　箱：fazhiwangvip@163.com

法制网

2020 年 8 月

责任编辑：庞贺鑫
装帧设计：傅奇書装
MOB:13269323101

ISBN 978-7-5162-2332-1
9 787516 223321 >
定价：40.00元